**Königs Erläuterungen und Materialien**
**Band 406**

Erläuterungen zu

Frank  Wedekind

# Frühlings Erwachen

von Thomas Möbius

## Über den Autor dieser Erläuterung:

Thomas Möbius, geboren 1963 in Heidelberg, Studium der Germanistik und ev. Theologie, Promotion zum Dr. phil. in der germanistischen Mediävistik, Stipendiat der Konrad-Adenauer-Stiftung, Lehraufträge an der Universität Heidelberg, seit 1991 Lehrer an einem Gymnasium in Mannheim, mehrjährige Auslandsaufenthalte in Mailand, Rom und Singapur, Autor von Lernhilfen und Königs Erläuterungen des Bange Verlags.

5. Auflage 2008
ISBN 978-3-8044-1713-7
© 2001 by C. Bange Verlag, 96142 Hollfeld
Alle Rechte vorbehalten!
Titelabbildung: Arnim Beutel als Melchior und Chiaretta Schörning als Wendla in der Theateraufführung „Frühlings Erwachen" des carrousel Theaters an der Parkaue, Berlin.
Foto: Joerg Metzner, Berlin.
Druck und Weiterverarbeitung: Tiskárna Akcent, Vimperk

Vorwort .................................................... 5

1.    Frank Wedekind: Leben und Werk ................. 7
1.1   Biografie ............................................. 7
1.2   Zeitgeschichtlicher  Hintergrund ............................ 13
1.3   Angaben und Erläuterungen
      zu wesentlichen Werken ..................................... 18

2.    Textanalyse und -interpretation ..................... 22
2.1   Entstehung und Quellen ..................................... 22
2.2   Inhaltsangabe ............................................. 29
2.3   Aufbau ................................................... 44
2.4   Personenkonstellation und Charakteristiken .......... 49
2.5   Sachliche und sprachliche Erläuterungen ............... 70
2.6   Stil und Sprache .......................................... 82
2.7   Interpretationsansätze .................................... 86

3.    Themen und Aufgaben ..................................... 87

4.    Rezeptionsgeschichte ........................................ 90

5.    Materialien ................................................ 97

      Literatur ................................................. 111

# Vorwort

Die **Probleme von Heranwachsenden** mit der eigenen Persönlichkeit, mit der Schule oder mit der Sexualität sind **beliebte Themen der Literatur**, man denke nur an Hermann Hesses *Unterm Rad* und an *Demian* oder an Robert Musils *Verwirrungen des Zöglings Törless*. Wedekinds *Frühlings Erwachen* nimmt sich der Problematik vor dem **historischen Hintergrund des wilheminischen Kaiserreiches** an. In seinem Drama lassen sich die Merkmale des **autoritären politischen Systems** und der **bürgerliche Leistungs- und Sexualmoral** an ihren wichtigsten Repräsentanten, den **staatlich organisierten Erziehungs- und Ausbildungsinstitutionen** und der **Familie**, studieren. Auch wenn die Sexualmoral im 20. und 21. Jahrhundert durch zunehmende Liberalität geprägt ist, so birgt der hohe Leistungsdruck, dem Schüler auch heute noch ausgesetzt sind, ein hohes Maß an Aktualität.

*Frühlings Erwachen* war Frank **Wedekinds erstes gedrucktes Buch**, der Dichter ließ es 1891 auf eigene Kosten bei dem Zürcher Verleger Jean Groß erscheinen. Die **Uraufführung** fand erst **1906** in Berlin durch Max Reinhardt und unter umfassenden **Zensurauflagen** (z. B. Streichung der Szenen II/3, III/4 und III/6, Entschärfung der Szenen I/5 und II/4, Veränderung der Lehrernamen) statt. Die **unzensierte Aufführung** gelang erst **1924** in Dresden. Für Wedekind bedeutete die Uraufführung die endgültige Anerkennung als seriöser Dramatiker, auch wenn er selbst dem Stück keinen übermäßigen Ernst zugestehen wollte und sich deswegen auch immer wieder missverstanden fühlte: „Während der Arbeit bildete ich mir etwas darauf ein, in keiner Szene, sei sie noch so ernst, den Humor zu verlieren. Bis zur Aufführung durch Reinhard galt das Stück als reine Pornografie. Jetzt hat man sich aufgerafft, es als trockenste Schulmeisterei anzuerkennen. **Humor will noch niemand darin sehen**."[1]

Diese Selbst-Interpretation Wedekinds aufgreifend soll in dem vorliegenden Erläuterungsband der **literarische Wert des Dramas** herausgearbeitet werden; daneben wird **Wedekind als Kritiker bürgerlicher Moralvorstellung** zu betrachten sein.

Zitiert wird nach der Reclam-Ausgabe: Frank Wedekind: *Frühlings Erwachen. Eine Kindertragödie.* Stuttgart 2000 (= Reclams Universal-Bibliothek Nr. 7951)

---

1   Wagener, S. 96.

# 1. Frank Wedekind: Leben und Werk

## 1.1 Biografie

Frank Wedekind 1917,
Foto Camille Ruf, Zürich

| Jahr | Ort | Ereignis | Alter |
|------|-----|----------|-------|
| 1864 | Hannover | **Geburt** als Benjamin Franklin (Frank) Wedekind **am 24. 07.** als zweites von sechs Kindern der Eheleute Dr. med. Friedrich Wilhelm Wedekind (1816–1888) und Emilie Wedekind, geb. Kammerer (1840–1916) | |
| 1872 | Lenzburg/ Schweiz | Erwerb des Schlosses Lenzburg im Schweizer Kanton Aargau durch den Vater, **Übersiedlung in die Schweiz** erste philosophische und literarische Versuche | 8 |
| 1883 | Aarau/ Schweiz | **Abitur** am kantonalen Gymnasium | 19 |
| 1884 | Lausanne | Sommersemester: Immatrikulation in Germanistik und Romanistik | 20 |
| | München | Wintersemester: auf Wunsch des Vaters Beginn eines Jura-Studiums | |
| 1886 | Kempttal b. Zürich | Bruch mit dem Vater wegen Abbruchs des Jura-Studiums ab November: Leiter des Reklame- und Pressebüros des Firma Maggi | 22 |

| Jahr | Ort | Ereignis | Alter |
|------|-----|----------|-------|
| 1887 | Zürich | April: Auflösung des Arbeitsvertrages bei der Firma Maggi<br>Beiträge für die *Neue Zürcher Zeitung*<br>Kontakt mit dem Kreis „Jüngstdeutscher Schriftsteller"<br>Drama *Elins Erweckung* | 23 |
| 1888 | Lenzburg/ Schweiz England/ Südfrankreich | **Tod des Vaters**<br>Sekretär des Zirkus „Herzog"<br>Reise durch England und Südfrankreich zusammen mit dem Maler, Clown und Tenor Willy Morgenstern (Rudinoff)<br>**Kontakt zu Naturalisten** | 24 |
| 1889 | Berlin/ München | Versuch, sich in Berlin dauerhaft niederzulassen, scheitert an seiner amerikanischen Staatsbürgerschaft.<br>Kontakte zum **Friedrichshagener Kreis** in Berlin und zum **Naturalismus-Kreis** in München | 25 |
| 1890 | München | **Beginn der Arbeit an** *Frühlings Erwachen* | 26 |
| 1891 | München/ Paris | **Ostern: Abschluss von** *Frühlings Erwachen* | 26 |

| Jahr | Ort | Ereignis | Alter |
|------|-----|----------|-------|
|  |  | Beitritt zu literarischen Zirkeln wie **„Das junge Deutschland"** und **„Gesellschaft für modernes Leben"** Intensive Beschäftigung mit der Philosophie Friedrich Nietzsches und Schopenhauers |  |
| 1895 | München | Drama ***Der Erdgeist*** (1. Teil von *Die Büchse der Pandora*) | 30 |
| 1896 | München | Regelmäßige **Veröffentlichungen im *Simplicissimus*** | 31 |
| 1897 | München | Geburt des Sohnes Friedrich Strindberg-Wedekind aus der Verbindung mit Frida Strindberg; *Die Fürstin Russalka* (Prosa- und Lyriksammlung) *Der Kammersänger* | 32 |
| 1898 | Leipzig | Sekretär, Schauspieler und Regisseur des Ibsen-Theaters Uraufführung des ersten Dramas *Der Erdgeist* **Flucht** nach Zürich und Paris wegen eines im Simplicissimus veröffentlichten satirischen Gedichtes auf Wilhelm II. | 33 |

| Jahr | Ort | Ereignis | Alter |
|------|-----|----------|-------|
| 1899 | Burg Königstein/Sächsische Schweiz | Rückkehr nach Deutschland, **Untersuchungshaft** und **Festungshaft** (6 Monate, bis 03. 02. 1900) Drama *Der Marquis von Keith* | 35 |
| 1900 | München | Schauspielunterricht bei Fritz Basil Beginn der Arbeit als freier Dramatiker und Lyriker mit regelmäßigen Publikationen | 36 |
| 1901 | München | Geburt des Sohnes Frank Zellner-Wedekind aus der Verbindung mit Hildegard Zellner; Gründungsmitglied des **Münchner Kabaretts „Die Elf Scharfrichter"** | 37 |
| 1904 | Berlin | *Die Büchse der Pandora* wird von der Zensur beschlagnahmt (**Vorwurf: Verbreitung unzüchtigen Schriftguts**) | 40 |
| 1906 | Berlin | Feb./März: **Freispruch** vom Vorwurf der Verbreitung unzüchtiger Schriften, Restauflage der *Pandora* wird vernichtet. | 42 |

| Jahr | Ort | Ereignis | Alter |
|------|-----|----------|-------|
| | | 01. 05.: Heirat von Tilly Newes (1886–1970) und Frank Wedekind<br>**20. 11.: Uraufführung von *Frühlings Erwachen* (unter starken Zensurauflagen)** | |
| 1907 | Berlin | Drama *Die Zensur* | 43 |
| 1908 | Berlin/ München | Übersiedlung nach München<br>Drama *Die junge Welt* | 44 |
| 1911 | München | Geburt der Tochter Kadidja | 47 |
| 1912 | Berlin | **Aufhebung des Aufführungsverbotes für *Frühlings Erwachen*[2]** | 48 |
| 1914 | München | erste von vier Blinddarm- bzw. Bruchoperationen (bis 1918) | 50 |
| 1915 | Deutschland | Nach Kriegsbeginn werden zahlreiche Werke Wedekinds von der Zensur für unerwünscht erklärt. | 51 |
| 1916 | Lenzburg/ Schweiz | Tod der Mutter | 52 |

---

2   Vgl. Materialienteil, S. 97.

| Jahr | Ort | Ereignis | Alter |
|------|-----|----------|-------|
| 1918 | München | **Tod am 09. 03.** infolge von Herzschwäche und Lungenentzündung nach einer Bruchoperation am 02. 03. | 53 |

## 1.2  Zeitgeschichtlicher Hintergrund

Wedekinds Lebensspanne umfasst recht genau die Dauer des deutschen Kaiserreiches. In der folgenden Übersicht werden die wichtigsten historischen Daten von 1870–1918 daher in Verbindung mit dem Lebensalter des Dichters aufgeführt.

| Jahr | Historisches Ereignis | Lebensalter Wedekinds |
|------|-----------------------|-----------------------|
| 1866 | Bildung des Norddeutschen Bundes unter Führung Preußens | 2 |
| 1866–1873 | wirtschaftlicher Aufschwung („Gründerzeit") | 2–9 |
| 1870/71 | Deutsch-Französischer Krieg | 6/7 |
| 1871 | Proklamation Wilhelms I. als deutscher Kaiser | 7 |
| 1871 | „Kanzelparagraph" verbietet politische Einmischung des Klerus. | 7 |

| Jahr | Historisches Ereignis | Lebensalter Wedekinds |
|------|----------------------|----------------------|
| 1872–1900 | Vereinheitlichung des Rechts und der Wirtschaft auf liberaler Grundlage: Strafgesetzbuch (1872), Maß-, Gewichts und Münzgesetze (1873), einheitliche Rechtspflege (bis 1879), Bürgerliches Gesetzbuch (1900) | 8–36 |
| 1872 | Schulaufsichtsgesetz (staatliche statt kirchliche Aufsicht) | 8 |
| 1873 | Wirtschaftskrise nach Wiener Börsenkrach | 9 |
| 1874 | Zivilehe-Gesetz: Eheschließung nur vor staatlichen Institutionen gültig | 10 |
| 1878 | Sozialistengesetz: Verbot der Parteipresse und der Parteiorganisation | 14 |
| 1879 | Bismarck'sches Schutzzollsystem | 15 |
| 1882 | Beginn imperialistischer Kolonialpolitik | 18 |
| 1883 | Sozialgesetzgebung: Kranken- (1883), Unfall- und Altersversicherung (1884), Invalidenversicherung (1889) | 19 |
| 1888 | Wilhelm II. als deutscher Kaiser | 24 |
| 1890 | Entlassung Bismarcks | 26 |
|      | Aufhebung der Sozialistengesetze | (*Frühlings* |
|      | Aufstieg Deutschlands zur stärksten europäischen Industrienation | *Erwachen*) |

| Jahr | Historisches Ereignis | Lebensalter Wedekinds |
|---|---|---|
| 1891–94 | Zollsenkungspolitik | 27–30 |
| 1893 | Heeresverstärkung | 29 |
| 1898 | Flottenbauprogramm | 34 |
| 1908 | Belastung des deutsch-britischen Verhältnisses durch die „Daily-Telegraph-Affäre" | 44 |
| 1913 | Heeresverstärkung auf 780000 Mann | 49 |
| 1914 | Julikrise nach Ermordung des österreichischen Thronfolgers Franz Ferdinand in Sarajewo | 50 |
| 1914–1918 | I. Weltkrieg | 50–53 (Tod) |

Die **zweite Hälfte des 19. Jahrhunderts** bringt für Europa und insbesondere für Deutschland in politischer, wirtschaftlicher und kultureller Hinsicht **große Veränderungen** mit sich. Seit 1850 führt die zunehmende **Industrialisierung** zu hohen Wachstumsraten in der Montanindustrie; der technische und wissenschaftliche Fortschritt hat **Rationalisierungen** und **Produktivitätssteigerungen** zur Folge. Der **Arbeitsmarkt erlebt eine Umstrukturierung**: Immer mehr Menschen drängen vom Land in die Städte, das industrielle Proletariat bildet sich neben dem wirtschaftlich mächtigen, aber unpolitischen Großbürgertum heraus.

Nach dem Deutsch-Französischen Krieg (1870/71) und der Proklamation des Kaiserreiches wird Wilhelm I. deutscher Kai-

Industrialisierung

ser. Die erfolgreichen **Hegemonialkriege** gegen Dänemark, Österreich und Frankreich bescheren dem Deutschen Reich von **1866–1873** einen enormen wirtschaftlichen Aufschwung; diese Phase wird auch als „**Gründerzeit**" bezeichnet. Die durch Überproduktion ausgelöste **Wirtschaftskrise im Herbst 1873** leitet eine Periode verlangsamten Wachstums ein, nach Überwindung der Krise ist eine Tendenz zur **Konzentration der Industrie** festzustellen.

*Gründerzeit*

1888 kommt **Wilhelm II.** an die Macht, der Bismarck 1890 wegen politischer Differenzen entlässt. Von 1890 an betreibt Wilhelm nach außen eine imperialistische Machtpolitik, die mit dem Ausbruch des Ersten Weltkrieges 1914 ihren Höhepunkt findet. Nach innen herrscht er als **autoritärer Monarch**. Hans-Ulrich Wehler erkennt in der wilhelminischen **Gesellschaft** eine Struktur, die von **autoritären Leitbildern und Verhaltensweisen** geprägt ist; die autoritären Strukturen in den **Familien** wirken **als „Verstärker"**[3] **der gesellschaftlichen Leitbilder.**

*Wilhelminisches Zeitalter*

Die Umwälzungen im industriellen Bereich und das autoritäre politische Systems bleiben nicht ohne Folge für den Bereich der Schule: In der Frühphase der Industrialisierung ist Kinderarbeit noch üblich, am Ende des Jahrhunderts wird der Wert höherer Ausbildung für den Start einer erfolgreichen bürgerlichen Berufskarriere erkannt. **Neue Schulformen wie Realschule und Realgymnasium**, die den **Anforderungen der Wirtschaft** entsprechen, treten in Konkurrenz zu dem humanistischen Gymnasium Humboldt'scher Prägung. **Bürgerliches Leistungsdenken** reicht bis weit in die Schule hinein und ver-

*Bereich der Schule*

---

3   Vgl. Materialienteil, S. 98.

stärkt den **Druck auf die Schüler**, die nach **Idealbildern bürgerlichen Prestiges und bürgerlicher Moralvorstellungen** denken lernen sollen. Wilhelm II. erklärt darüber hinaus die **Schule** zu einer Institution, in der sozialdemokratisches Gedankengut nichts verloren habe; sie gilt somit als eine staatstragende **Keimzelle der Monarchie**.

Bürgerliche Moral und bürgerliches Leistungsdenken werden zusammen mit der autoritären Gesellschaftsstruktur in den literarischen Texten, die in der zweiten Hälfte des 19. Jahrhunderts spielen, zumeist in negativer Zeichnung wiedergegeben; Beispiele dafür sind z. B. Hermann Hesses *Unterm Rad*, Robert Musils *Törless*, Arno Holz' und Johannes Schlafs *Der erste Schultag*.

Die **Schule** gilt dem Staat – so beschreibt es Stefan Zweig in seiner Autobiografie – als ein **Instrument zur Aufrechterhaltung der Autorität**.[4] In der gleichen Weise wird das Schulsystem in Heinrich Manns satirischem Roman *Der Untertan*, der in derselben Zeit wie *Frühlings Erwachen* spielt, beschrieben. Vom Romanhelden Diederich Heßling, der gerade eingeschult worden ist, wird gesagt:

> *„Denn Diederich war so beschaffen, dass die Zugehörigkeit zu einem unpersönlichen Ganzen, zu diesem unerbittlichen, menschenverachtenden, maschinellen Organismus, der das Gymnasium war, ihn beglückte, dass die kalte Macht, an der er selbst, wenn auch nur leidend, teilhatte, sein Stolz war. Am Geburtstag des Ordinarius bekränzte man Katheder und Tafel. Diederich umwand sogar den Rohrstock."*[5]

Einen Bestandteil der den Schülern vermittelten bürgerlichen Moralvorstellung der wilhelminischen Zeit stellt neben dem Leistungsgedanken auch die **repressive Sexualethik** dar, die

---

4 Vgl. Materialienteil, S. 99 f.
5 *Der Untertan*, S. 8 f.

Stefan Zweig in *Die Welt von gestern* in treffender Weise so beschreibt:

> *„Aber das ganze neunzehnte Jahrhundert war redlich in dem Wahn befangen, man könne mit rationalistischer Vernunft alle Konflikte lösen, und je mehr man das Nützliche verstecke, desto mehr temperiere man seine anarchischen Kräfte; wenn man also junge Leute durch nichts über ihr Vorhandensein aufkläre, würden sie ihre eigene Sexualität vergessen."* [6]

## 1.3 Angaben und Erläuterungen zu wesentlichen Werken

### Die Hauptwerke Wedekinds

**Dramen**

*Frühlings Erwachen* (1891)
*Erdgeist* (1895)
*Die Büchse der Pandora* (1902)
*Der Kammersänger* (1899)
*Schloß Wetterstein* (1901)
*Der Marquis von Keith* (1901)
*So ist das Leben* (1902)
*Hiddala oder Sein und Haben* (1904)
*Totentanz* (1906)
*Musik* (1908)
*Oaha* (1908)
*Die Zensur* (1908)
*Franziska* (1912)
*Simson* (1914)
*Bismarck* (1916)
*Herakles* (1917)

---

6    *Die Welt von gestern*, S. 88; vgl. Materialienteil, S. 100.

| | |
|---|---|
| **Erzählungen** | *Die Fürstin Russalka* (1897) |
| | *Mine Haha oder über die körperliche Erziehung der jungen Mädchen* (1901) |
| | *Feuerwerk* (1906) |
| **Lyrik** | *Die vier Jahreszeiten* (Gedichtsammlung, 1905) |
| | *Lautenlieder* (Gedichtsammlung, 1920) |

Die in *Frühlings Erwachen* gestalteten Bereiche **„Schule"** und **„Sexualität"** gehören zu den das Werk Wedekinds

> Grundthemen:
> Schule und Sexualität

durchziehenden **Grundthemen**. Schon im dramatischen Fragment *Elins Erweckung* (1887) findet sich diese Motivik aus *Frühlings Erwachen*: Melchior und Moritz sind in dem Theologiestudenten Elias und dem Medizinstudenten Oskar vorgebildet, die vom Bettler Schigolch als Dirne erzogene Ella prägt die spätere Figur der Ilse. In dem frühen Gedicht *Santa Simplicitas* gestaltet Wedekind in satirischer Sichtweise ein **kritisches Bild der Schule**; biografischer **Anknüpfungspunkt** ist der **Selbstmord seines Mitschülers Frank Oberlin im Jahre 1881**.

Das Thema „Sexualität", das in *Frühlings Erwachen* zum Ausdruck der Kritik an der herrschenden, **als menschenfeindlich erachteten bürgerlichen Moral** steht, lässt sich in zahlreichen anderen Werken Wedekinds auffinden. Zwei Beispiele von vielen sind die in der Sammlung *Die vier Jahreszeiten* im Jahre 1905 erschienenen Gedichte *Francisca* und *Elka*.[7] Die Namen Ilse und Wendla finden sich im selben Sammelband als Gedichtüberschriften. Beide Gedichte haben die mit den Namen verbundene Motivik aus *Frühlings Erwachen* aufgenommen: Ilse steht für das die körperliche Liebe genießende Mädchen, Wendla verkörpert die leidvollen Konsequenzen der Liebe in der ungewollten Schwangerschaft.

---

7   Vgl. Materialienteil, S. 101 f.

*Ilse* (1905)

Ich war ein Kind von fünfzehn Jahren,
Ein reines unschuldsvolles Kind,
Als ich zum erstenmal erfahren,
Wie süß der Liebe Freuden sind.

5  Er nahm mich um den Leib und lachte
Und flüsterte: O welch ein Glück!
Und dabei bog er sachte, sachte
Den Kopf mir auf das Pfühl zurück.

Seit jenem Tag lieb ich sie alle,
10  Des Lebens schönster Lenz ist mein;
Und wenn ich keinem mehr gefalle,
Dann will ich gern begraben sein.[8]

*Wendla* (1905)

Sieh die taufrische Maid,
Erst eben erblüht;
Durch ihr knappkurzes Kleid
Der Morgenwind zieht.

5  Wie schreitet sie rüstig,
Jubiliert und frohlockt,
Und ahnt nicht, wer listig
Unterm Taxusbusch hockt.

---

8  *Werke* II, S. 404.

Der allerfrechste Weidmann
10   Im ganzen Revier,
Er tut ihr ein Leid an
In frevler Jagdbegier.


In einem langen Kleide
Geht sie nun bald einher,
15   Sinnt vergangener Zeiten
Und jubelt nicht mehr.[9]


Wie ein roter Faden läuft die Kritik an als menschenfeindlich empfundenen bürgerlichen Moralvorstellungen durch die frühen Dramen Wedekinds. In dem auf *Frühlings Erwachen* folgenden *Erdgeist* (1895) und in der Fortsetzung, der *Büchse der Pandora* (1902),

**Kritik an gesellschaftlicher Moral**

steht die ganz von ihrer Natur, von ihren sexuellen Trieben gesteuerte Lulu im Vordergrund. Ihre Figur ist für Wedekind der Ansatzpunkt seiner **Kritik an der als verlogen erachteten gesellschaftlichen Moral**.

Die 1901 entstandene Erzählung *Mine-Haha oder über die körperliche Erziehung der jungen Mädchen* ist die fiktive Reaktion einer Leserin namens Hidalla auf die Lektüre von *Frühlings Erwachen*. Im Zentrum der Erzählung steht die Kritik an einer Erziehung, die natürliche sexuelle Gefühle aus dem Leben des Menschen verdrängt. Wedekind entwickelt darin seine **utopische Vorstellung** von einer besseren Welt, in der die **Erziehung auf die Bedürfnisse der jungen Menschen eingeht**. In dem 1904 erschienenen Drama *Hiddala oder Sein und Haben* gelingt Wedekind schließlich die **Abkehr von den erotisch-pädagogischen Ideen** früherer Werke, indem er sie mit **Neurotisch-Wahnhaftem** in Beziehung setzt.

9   *Werke II*, S. 405.

# 2. Textanalyse und -interpretation

## 2.1 Entstehung und Quellen

Frank Wedekind arbeitete von **Herbst 1890 bis Ostern 1891** in München an *Frühlings Erwachen*, 1891 erschien es – zunächst kaum beachtet – als seine **erste Buchpublikation**. Das **Titelbild** der Erstausgabe, das **Franz Stuck** nach den Vorgaben Wedekinds gezeichnet hat, ist **voller lebensbejahender Motivik**: Es zeigt eine Wiese mit Blumen und einen knospenden Baum, auf dem Schwalben sitzen.

Das Titelbild weist auf die **Heiterkeit** hin, die Wedekind in seinem Drama enthalten wissen will; außerdem habe er – die Einflüsse auf sein Werk in *Was ich mir dabei dachte* (1911) beleuchtend – eigene biografische Erfahrungen verarbeitet:

> „Ich begann zu schreiben ohne irgendeinen Plan, mit der Absicht zu schreiben, was mir Vergnügen macht. Der Plan entstand nach der dritten Szene und setzte sich aus persönlichen Erlebnissen oder Erlebnissen meiner Schulkameraden zusammen. Fast jede Szene entspricht einem wirklichen Vorgang. Sogar die Worte: ‚Der Junge war nicht von mir‘, die man mir als krasse Übertreibung vorgeworfen, fielen in Wirklichkeit.
> Während der Arbeit bildete ich mir etwas darauf ein, in keiner Szene, sei sie noch so ernst, den Humor zu verlieren. Bis zur Aufführung durch Reinhardt galt das Stück als reine Pornografie. Jetzt hat man sich dazu aufgerafft, es als trockenste Schulmeisterei anzuerkennen. Humor will noch immer niemand darin sehen.
> Es widerstrebte mir, das Stück, ohne Ausblick auf das Leben der Erwachsenen, unter Schulkindern zu schließen. Deshalb führte ich in der letzten Szene den Vermummten Herrn an. Als Modell für den aus dem Grab gestiegenen Moritz Stiefel, die Verkörperung des Todes, wählte ich die Philosophie Nietzsches."[10]

Konkret benennbare Einflüsse aus seiner Schulzeit sind der **Selbstmord des Primaners Frank Oberlin im Jahre 1883** und der **Selbstmord des Mitschülers Moritz Dürr im Jahre 1885**, der wohl der Namensgeber für Moritz Stiefel ist. Die Erschütterung über den Tod des Schulkameraden wird in dem Auszug aus einem Brief deutlich, den Wedekind am 27. 04. 1886 an seinen Vater schreibt:

*Einflüsse*

---

10  GW 9. S. 424.

*„Von dem Unglück, was meinen Freund M. Dürr betroffen, wirst Du wohl auch gehört haben. Es ist das ein unendlich trauriges Geschick und doch nur die Unterbrechung eines beinah ebenso traurigen Lebenspfades."*[11]

**Melchior trägt indes** deutliche **Züge des jungen Wedekind**. Dies beweisen die erhaltenen Briefe Wedekinds an seinen drei Jahre älteren Schulfreund **Adolph Vögtlin**, in denen er wie Melchior den **Egoismus** als den den Menschen **in Fragen der Sexualität und der Ethik bestimmenden Trieb** postuliert. Der Dichter äußert in einem Brief an Vögtlin im August 1881

*„(...) die Überzeugung, dass der Mensch nichts thue ohne angemessene Belohnung, dass er keine andere Liebe kennt, als Egoismus. Denn abgesehen von aller Vergeltung hier oder im Jenseits, ist uns doch das Bewusstsein einer nützlichen Handlung, das Gewissen, eine sonst unerschwingliche Belohnung, die wir wohl zu berechnen und zu schätzen wissen. Wem aber das Gewissen nicht solche Belohnung gewähren kann, wer nicht den inneren Genuss von seinen Wohlthaten hat, der verübt auch keine. Wir sagen, er sei ein geiziger, gefühlloser Mensch. Was kann er dafür? Ich brauche Dir wohl nicht zu erklären, da Geschlechts- und Freundesliebe von vornherein schon nur dem Egoismus entspringen, dass wir nur solchen Menschen, die uns nichts angehen, uneigennützig wohlthätig sein könnten, wäre nicht das Gewissen."*[12]

Die Themen, die von Melchior und Moritz besprochen werden, finden sich in dem frühen Gedicht *Santa Simplicitas* und in dem dramatischen Fragment *Elins Erweckung*. **Sexuali-**

---

11 *Gesammelte Briefe*, Nr. 43.
12 Wagener, S. 82.

tät, **Schule als Vehikel der Gesellschaftskritik** sind bedeutsame **Themen seines lyrischen, epischen und dramatischen Werkes**, vgl. z. B. die Gedichtsammlungen, die *Lulu*-Dramen und die Erzählung *Mine-Haha*.

Beeinflusst vom **Sturm und Drang** und der **Vormärzliteratur** und strikt

Kindertragödie

**gegen die naturalistische Poetologie** gerichtet, führt Wedekind mit der Gattungsbezeichnung „**Kindertragödie**" einen **neuen Dramentypus** ein, der sich formal an die Tradition der klassischen Tragödie anlehnt, inhaltlich ihre Grenzen aber überschreitet.[13] Mit seiner Kritik am schulischen Erziehungssystem nimmt Wedekind eine typische **Sturm-und-Drang-Thematik,** wie sie z. B. Jakob Michael Reinhold Lenz (1751–1792) in *Der Hofmeister* (1774) gestaltet hat, wieder auf. Die Orientierung an literarischen Vorbildern zeigt sich auch an ganz konkreten Anspielungen und Zitaten in *Frühlings Erwachen*: Vor allem die Paktszene und die Gretchentragödie aus **Goethes** *Faust*, die **Figur des Woyzeck** aus **Büchners** gleichnamigem **Dramenfragment**, **Shakespeares** *Othello* und auch das **Alte Testament** sind **literarische Quellen**, die Wedekind verarbeitet hat. Im Einzelnen lassen sich die folgenden konkreten literarischen Bezugnahmen erkennen.

---

13  Vgl. S. 44–46.

| *Frühlings Erwachen* | *literarische Bezugnahmen* |
|---|---|
| *Frühlings Erwachen*, 66, 13–15: Melchior will sich bei Ruprecht durch das Erzählen anzüglicher alttestamentlicher Geschichten beliebt machen: Die Anspielungen sind im Einzelnen: | |

## Altes Testament

| *Frühlings Erwachen* | *literarische Bezugnahmen* |
|---|---|
| *Frühlings Erwachen*, 66, 14 „Moab" Thema: Inzest | *Genesis* 19, 37 Stammvater der Moabiter, Sohn aus der inzestuösen Verbindung zwischen Lot und seiner ältesten Tochter |
| *Frühlings Erwachen*, 66, 13 f. „Judas Schnur Thamar" Thema: Onanie | *Genesis* 38 Thamar, die Schwiegertochter („schnur") Judas, soll nach dem Tod ihres Mannes Onan heiraten, der sich aber weigert, ein Kind mit ihr zu zeugen. Er lässt den Samen „auf die Erde fallen" (Gen. 38,9), wofür er von Gott mit dem Tode bestraft wird. Thamar verkleidet sich als Hure und zeugt mit Juda ein Kind, nachdem sie Juda nicht – wie es üblich gewesen wäre – seinem dritten Sohn zur Frau gegeben hat. |
| *Frühlings Erwachen*, 66, 14 „Loth" Themen: Inzest Homosexualität Vergewaltigung | *Genesis* 19 Lot beschützt die beiden Engel, die zu ihm nach Sodom gekommen sind, vor Vergewaltigung durch die Männer der Stadt; auf der Flucht dreht sich Lots Frau um und wird zur Salzsäule; die Töchter Lots zeugen, im Glauben, sie |

| | seien die letzten Überlebenden, mit ihrem Vater Nachkommen. |
|---|---|
| *Frühlings Erwachen*, 66, 15 „Königin Basti" Thema: Verweigerung | *Esther* 1 + 2 pers. Königin Vasthi, die sich weigert, ihre Schönheit auf Befehl zur Schau zu stellen. Sie wird daraufhin von ihrem Ehemann Xerxes verstoßen, Esther wird an ihrer Stelle Königin. |
| *Frühlings Erwachen*, 66, 15 „Abisag von Sunem" Thema: enthaltsamer „Beischlaf" | 1. *Könige* 1 Pflegerin Davids, die bei ihm schläft, um ihn zu wärmen, mit der er keinen Geschlechtsverkehr hat. |

## Goethes *Faust*

| *Frühlings Erwachen*, 43, 8–20 Wendlas Monolog: Unruhe, Bußbereitschaft | *Faust, der Tragödie erster Teil*, V. 3374–3413 Gretchen am Spinnrad, ihre Unruhe |
|---|---|
| *Frühlings Erwachen*, 32, 9–19 Gretchentragödie in der Kommentierung von Melchior und Moritz: Kritik an ausschließlich sexuell ausgerichteter Interpretation und Wedekinds Anspielung auf Wendlas Schicksal | *Faust, der Tragödie erster Teil*, V. 2605–4614 Gretchentragödie vgl. Friedrich Schiller, *Die Kindsmörderin* (1780/81) |
| *Frühlings Erwachen*, 47, 9 „Kindsmörderin"- Anspielung Ilses | *Faust, der Tragödie erster Teil*, V. 4508 Gretchentragödie vgl. Friedrich Schiller, *Die Kindsmörderin* (1780/81) |

| | |
|---|---|
| *Frühlings Erwachen*, 61, 1– 65, 3 In Prosa gehaltene Diskussion zwischen den Eltern über die Verantwortung Melchiors für seine Taten, Plan zur sozialen „Rettung" Melchiors in einer Erziehungsanstalt | *Faust, der Tragödie erster Teil*, Szene: *Trüber Tag* In Prosa gehaltene Diskussion zwischen Mephisto und Faust über die Frage nach der Verantwortung für Gretchens Schicksal; Plan zur Rettung ihres Lebens |
| *Frühlings Erwachen*, 79,20–23 Versprechen des vermummten Herrn, Melchior ins Leben zu führen | *Faust, der Tragödie erster Teil*, V. 1540–1543, 1692–1707 Paktszene: Mephisto verspricht, Faust zu zeigen, was das wahre Leben sei. |

## Büchners *Woyzeck*

| | |
|---|---|
| *Frühlings Erwachen*, 29, 27–30,15 Moritz' Antimärchen: positives Ende in 29 f.; „Königin ohne Kopf" als Vorausdeutung auf das Erscheinen des toten Moritz, der den Kopf unterm Arm trägt | *Woyzeck*, Sz. 19 „Antimärchen" der Großmutter mit sozialkritischem Impetus |
| *Frühlings Erwachen*, 29,15 ff. Moritz hört flüsternde Blätter. | *Woyzeck*, Sz. 1 Woyzeck hört Stimmen in der Natur. |

## Shakespeares *Othello*

| | |
|---|---|
| *Frühlings Erwachen*, II, 3 Hänschen vernichtet erotische Bilder. | *Othello*, V,2 Mord an Desdemona[14] |

---

14  Vgl. S. 69.

## 2.2 Inhaltsangabe

**I, 1**

Frau Bergmann ist der Meinung, dass
Wendla aufgrund ihrer körperlichen
Entwicklung ein längeres Kleid tragen
sollte. Wendla möchte dagegen gerne

> Gespräch Frau Bergmann –
> Wendla: Wendla will kein
> längeres Kleid tragen

weiterhin das gewohnte kurze Kleid tragen; sie setzt sich
schließlich durch.

*Wichtige Textstellen/Stichworte*
**Vorausdeutung auf Wendlas Tod:**"Wer weiß – vielleicht
werde ich nicht mehr sein." (7, 27)

**I, 2**

Die Schüler klagen über die hohe Be-
lastung durch den schulischen Lern-
stoff. Nachdem die anderen, Otto, Ge-

> Melchior und Moritz sprechen
> über Sexualität

org, Robert und Ernst, gegangen sind, äußert Moritz gegenüber
Melchior, einem sehr guten Schüler, die Befürchtung, das
Klassenziel nicht zu erreichen. Dann diskutieren sie über den
Ursprung des menschlichen Schamgefühls. Moritz formuliert
seine Erziehungsvorstellungen: Er würde seinen Kindern eine
große sexuelle Freizügigkeit einräumen. Melchior gibt zu bedenken, dass eine zu freizügige Erziehung auch negative Folgen, vor allem ungewollte Schwangerschaften, mit sich führen
könnte. Im Mittelpunkt der Unterhaltung steht der Erfah-
rungsaustausch über die ersten sexuellen Regungen der beiden Jugendlichen. Moritz hat aufgrund sexueller Träume ein
schlechtes Gewissen. Es wird deutlich, dass er nicht aufgeklärt ist, während Melchior bereits tiefer gehende Kenntnisse

besitzt. Aus Scham bittet Moritz Melchior darum, ihm den Gang der Fortpflanzung nicht mündlich mitzuteilen, sondern aufzuschreiben.

**!**
*Wichtige Textstellen/Stichworte*
**Kritik am erbarmungslosen Leistungsdruck der Schule**:
● „Wozu gehen wir in die Schule? – Wir gehen in die Schule, damit man uns examinieren kann! – Und wozu examiniert man uns? – Damit wir durchfallen." (9,19–21)
**Schuldgefühle Moritz' wegen sexueller Träume**: „Meine lieben Eltern hätten hundert bessere Kinder haben können. So bin ich nun hergekommen, ich weiß nicht wie, und soll mich dafür verantworten, daß ich nicht weggeblieben bin." (13, 24–27)

### I, 3

Thea, Wendla, Martha sprechen über Erziehung und Kinder

Martha berichtet den beiden Mädchen von ihrer strengen Erziehung, die ihr die Haartracht und die Kleidung vorschreibt: Folge sie nicht diesen Anweisungen, werde sie geschlagen oder müsse in einem Sack schlafen. Dann kreist das Gespräch um die Kinderwünsche der Mädchen; alle drei stimmen darin überein, später einmal Jungen und keine Mädchen bekommen zu wollen. Alle drei scheinen noch keine sexuelle Aufklärung erfahren zu haben. Nur Wendla ist mit ihrem Geschlecht zufrieden, die beiden anderen wären lieber als Jungen auf die Welt gekommen. Als Melchior vorbeiläuft, unterhalten sie sich über seine hervorragenden schulischen Leistungen und seine Erscheinung. Wendla interessiert sich für ihn.

*Wichtige Textstellen/Stichworte*
**Autoritäre Erziehung:** „Wendla: Womit schlägt man dich, Martha? / Martha: Ach was – mit allerhand." (17,22 f.)

### I, 4

Mitschüler warten vor dem Gymnasium auf Moritz, der in das Konferenzzimmer eingedrungen ist, um zu erfahren, ob er das Klassenziel erreicht hat. Er erfährt aus dem Protokoll, dass er probeweise in die nächste Klasse versetzt werde. Vor seinen Mitschülern nimmt er sich vor, im nächsten Jahr viel mehr zu lernen, damit die Versetzung nicht rückgängig gemacht wird. Seine Kameraden wollen es ihm nicht abnehmen, dass er sich umgebracht hätte, wenn er die Klasse hätte wiederholen müssen. Zwei vorüber gehende Lehrer äußern ihre Verwunderung darüber, dass Moritz und Melchior befreundet sind, obgleich beide leistungsmäßig weit auseinander liegen.

> Moritz erfährt seine Versetzung auf Probe

*Wichtige Textstellen/Stichworte*
**Vorausdeutung auf den Selbstmord Moritz':** „Wenn ich nicht promoviert worden wäre, hätte ich mich erschossen." (22,6 f.)

### I, 5

An einem Nachmittag begegnen sich Melchior und Wendla im Wald. Melchior fragt Wendla nach dem Grund ihres karitativen Engagements und Wendla entgegnet darauf, dass sie gerne anderen Menschen helfe. Melchior bezweifelt,

> Melchior und Wendla treffen sich im Wald

dass Menschen uneigennützig handeln. Wendla fordert ihn auf, sich seiner Familie zuliebe konfirmieren zu lassen. Sie erzählt von einem Tagtraum, in dem sie als Kind von Bettlern täglich auf der Straße um Geld bitten müsste und geschlagen würde, wenn sie nicht genug Geld nach Hause brächte. Sie erzählt Melchior von dem Schicksal Marthas, die täglich geschlagen werde. Während Melchior einwendet, dass gegen den Vater Marthas Strafanzeige erstattet werden müsste, äußert Wendla den Wunsch, einmal geschlagen zu werden. Nach anfänglichem Zögern erfüllt Melchior ihr diesen Wunsch und schlägt sie zunächst mit einem Stock, später mit den Fäusten. Nachdem er während des Schlagens die Kontrolle über sich verloren hat, hält er inne und läuft schluchzend in den Wald.

**!**
●

*Wichtige Textstellen/Stichworte*
**Masochismus als Bestandteil sexueller Erfahrung:** vgl. 26,3–36

*II, 1*

Melchior und Moritz: Schule,
*Faust* und Sexualität

Die Szene spielt bereits im nächsten Schuljahr. Moritz arbeitet sehr viel für die Schule, dennoch ist es schon fünfmal passiert, dass er nichts gewusst hat. Er setzt sich unter Druck, weil er seine Eltern nicht enttäuschen will. Zum wiederholten Mal droht er damit, sich bei einem Misserfolg das Leben zu nehmen. Moritz erzählt Melchior das Märchen von der Königin ohne Kopf. Frau Gabor fordert Moritz auf, nicht nur an die Schule, sondern auch an seine Gesundheit zu denken und nicht zu viel zu arbeiten. Außerdem kritisiert sie die *Faust*-Lektüre der beiden Jugendlichen, da sie meint, dass ihnen die notwendige Reife für das Verständnis mangelt. Sie verbietet die Lektüre jedoch nicht, sondern versichert ihrem Sohn vielmehr, dass sie Vertrauen darin habe, dass Melchior abwägen könne, was gut und schlecht für ihn sei. Nachdem Frau Gabor das Zimmer verlassen hat, knüpft Moritz an Frau Gabors Ermahnung bezüglich der *Faust*-Lektüre an und meint, sie habe auf die Gretchentragödie angespielt. Melchior kritisiert die von sexuellen Anspielungen geprägte Sichtweise der Erwachsenen. Moritz erklärt sich schließlich beeindruckt von dem Brief Melchiors, in dem dieser die menschliche Fortpflanzung schildert.

*Wichtige Textstellen/Stichworte*
**Grundsätze einer nicht-autoritären Erziehung:** „Ich werde mein Vertrauen immer lieber in dich als in irgend beliebige erzieherische Maßregeln setzen." (31,34–36)

### II, 2
Frau Bergmann berichtet ihrer Tochter, dass der Storch bei Ina gewesen sei und ihr einen Jungen gebracht

> Frau Bergmann klärt Wendla scheinbar auf

habe. Wendla erklärt ihrer Mutter, dass sie nicht mehr an den Storch glaube, und bittet sie eindringlich, ihr die wahren Umstände der Fortpflanzung zu erläutern. Frau Bergmann scheut sich, die Tochter aufzuklären, und erst die Drohung, Wendla werde den Schornsteinfeger um Informationen bitten, bewirkt, dass Frau Bergmann scheinbar die gewünschten Informationen gibt. Sie erklärt, man müsse den Mann aus ganzem Herzen lieben, von dem man ein Kind haben möchte. Die biologischen Voraussetzungen der menschlichen Fortpflanzung bleiben unerwähnt, Wendla erhält somit keine sexuelle Aufklärung.

**!** **●**

*Wichtige Textstellen/Stichworte*
**Scheinbare sexuelle Aufklärung:** „Um ein Kind zu bekommen – muss man den Mann – mit dem man verheiratet ist ... lieben – l i e b e n  sag ich dir – wie man nur einen Mann lieben kann! Man muss ihn so sehr von ganzem Herzen lieben, wie – wie sich 's nicht sagen lässt! Mann muss ihn l i e - b e n, Wendla, wie du in deinen Jahren noch gar nicht lieben kannst" (37, 2–8).

### II, 3

Hänschen Rilow vernichtet das Bild der Venus

Hänschen Rilow hat sich auf der Toilette eingeschlossen. Er beschreibt Schönheit und Keuschheit der auf dem Bild dargestellten Venus, der er sich verfallen glaubt, da sie ihn zu häufiger Selbstbefriedigung reizt. Er will das Bild wie die Bilder vorher vernichten, da er das zwanghafte Onanieren als eine Qual empfindet. Den Abschied empfindet er als schmerzhaft, meint aber keine andere Wahl zu haben, da er seine Gesundheit gefährdet sieht. Schließlich wirft er das Bild in die Toilette.

**!** **●**

*Wichtige Textstellen/Stichworte*
**Wörtliche Übernahmen aus Shakespeares Othello:** „Hast du zur Nacht gebetet, Desdemona?" (37, 27). „Die Sache will's!" (38, 13). „Lasst sie mich euch nicht nennen, keusche Sterne!" (40, 6 f.)
**Anspielungen auf die angeblichen negativen gesundheitlichen Folgen der Selbstbefriedigung:** „Aber du saugst mir das Mark aus den Knochen, du krümmst mir den Rücken, du raubst meinen jungen Augen den letzten Glanz." (38, 20–22)

### II, 4

Wendla findet Melchior auf dem Heuboden. Da er nicht hinauskommen
Überrumpelung im Heu
will, geht sie auf ihn zu und kniet sich neben ihm nieder.
Melchior küsst Wendla, die sich mit dem Argument wehrt,
dass man sich doch liebe, wenn man Küsse austausche. Melchiors Bekenntnis, dass er sie nicht liebe, beruhigt sie nicht
und sie wehrt sich – vom Ende her betrachtet erfolglos, da es
wohl zum Geschlechtsverkehr kommt – gegen die sexuelle
Zudringlichkeit des jungen Mannes.

*Wichtige Textstellen/Stichworte*
**Melchiors These von allseits herrschenden Egoismus:** „O
glaub mir, es gibt keine Liebe! – Alles Eigennutz, alles Egoismus! – Ich liebe dich so wenig, wie du mich liebst." (41, 1–3)

### II, 5

Frau Gabor schreibt einen Brief an
Moritz, in dem sie ihm mitteilt, dass
Frau Gabors Brief an den
verzweifelten Moritz
sie ihm das Geld für die Überfahrt
nach Amerika nicht werde geben können. Als Gründe dafür
nennt sie fehlende finanzielle Mittel und die  Rücksicht auf
die Eltern von Moritz. Aus dem Brief wird deutlich, dass Moritz die Nachricht erhalten hat, dass er nicht versetzt wird.
Sollte ihm die Flucht nach Amerika nicht gelingen, so werde
er sich umbringen, so droht er in dem Brief an Frau Gabor.
Frau Gabor indes versucht ihn zu beruhigen, indem sie auf
den Umstand verweist, dass die schulischen Leistungen keine
Aussagen über den Wert einer Person zuließen. Außerdem
gebe es viele Bcispiele von beruflich erfolgreichen Menschen,
die in der Schule schlechte Zensuren gehabt hätten. Frau

Gabor ermuntert Moritz, weiterhin den Kontakt mit ihrem Sohn zu pflegen und beherzt gegen seine momentane Krise zu kämpfen.

**!** ● *Wichtige Textstellen/Stichworte*
**Humane Erziehungsgrundsätze Frau Gabors**: „Es ist meiner Ansicht nach durchaus unzulässig, einen jungen Menschen nach seinen Schulzeugnissen zu beurteilen." (42, 20–22)

### II, 6

**Wendlas Monolog**

Wendla ist frühmorgens in den Garten gegangen, um für ihre Mutter Veilchen zu pflücken.
In ihrem Monolog, bei dem die Szene II, 4 als Hintergrund mitzudenken ist, wird deutlich, dass sie sich gegenüber ihrer Mutter schuldig fühlt. Sie ist unruhig und hat den Wunsch, sich einem Menschen ganz anvertrauen zu können.

**!** ● *Wichtige Textstellen/Stichworte*
**Wunsch Wendlas nach einem Vertrauten:** „Ach Gott, wenn jemand käme, dem ich um den Hals fallen und erzählen könnte." (43, 18–20)

### II, 7

**Moritz trifft Ilse kurz vor seinem Suizid im Wald**

Moritz rechtfertigt den geplanten Selbstmord: Er passe nicht in die Gesellschaft, fühle sich keinem religiös begründeten Selbstmordverbot unterworfen und er glaube nicht an ein vorherbestimmtes Schicksal oder eine Aufgabe; sein Leben sei reiner Zufall. Er bereut ein wenig, dass er keine sexuellen Erfahrungen gemacht hat, da er meint, dass diese zum menschlichen Leben essenziell dazu gehören. Moritz stellt sich die Verhaltensweisen des Rektors, des Pastors und seines Freundes Melchior bei seinem Begräbnis vor. Den Entschluss zur Selbsttötung hält er für einen Akt eines freien Individuums, das sich über die gesellschaftlichen Regeln erhebt.

Moritz bemerkt Ilse nicht, die, von einer Männer- oder Künstlergesellschaft namens „Priapia" kommend, auf dem Weg durch den Wald nach Hause ist und die leise an ihn herangetreten ist. Sie erzählt Moritz von ihrer Tätigkeit als Aktmodell und Freudenmädchen. Moritz entschuldigt seine schlechte Stimmung mit den angeblichen Nachwirkungen des Alkoholkonsums. Ilse berichtet von einem vierzehntägigen Aufenthalt bei Heinrich, der sie fotografiert und mit einer geladenen Pistole erschreckt habe. Sie sei von ihm geflohen und, nachdem sie von der Polizei aufgegriffen worden sei, auf die Wache gebracht worden, wo sie von der „Priapia" abgeholt worden sei, die für sie gebürgt habe. Ilse befürchtet, dass ihrem freizügigen Lebenswandel keine lange Zukunft beschert sein werde und sie vor den anderen sterben werde. Ihre mit sexuellen Absichten geäußerte Einladung, sie bis zum Haus zu begleiten, lehnt Moritz ab, bereut diese Ablehnung nach ihrem Abschied, da sie eine Gelegenheit dargestellt hätte, das auf sexuellem Gebiet Versäumte nachzuholen. Zwischen Königskerzen am Flussufer sitzend, bereitet sich Moritz auf den Selbstmord vor.

*Wichtige Textstellen/Stichworte*
**Enttäuschung Moritz':** „Das Leben hat mir die kalte Schulter gezeigt." (45, 32 f.)

## III, 1

Beschluss über den
Schulausschluss Melchiors

Der Rektor beantragt auf einer Konferenz den Schulausschluss Melchiors. Als Argumente führt er an: Sühne für den Tod Moritz', Abschreckung, Verhinderung eines schlechten Einflusses auf Mitschüler, Verhinderung von Selbstmord-Nachahmungstaten. Statt einer Besprechung des Falls entbrennt unter den anwesenden Lehrern eine Diskussion, ob man ein Fenster öffnen sollte. Mit der Stimme des Rektors wird in der abschließenden Abstimmung festgelegt, dass alle Fenster geschlossen bleiben. Dann gibt der Rektor zu bedenken, dass die Schule für zukünftige Unglücke vom Kultusministerium verantwortlich gemacht werden könnte, wenn keine disziplinarische Reaktion auf das Verhalten Melchiors erfolgte.

Während Melchior vom Hausmeister geholt wird, kommt es zwischen Fliegentod und Zungenschlag erneut zum Streit über das Fenster.

Rektor Sonnenstich konfrontiert Melchior mit dem von ihm geschriebenen Aufklärungsbrief an Moritz. Moritz gibt die Verfasserschaft unumwunden zu, möchte aber wissen, worin das Unschickliche seines Briefes bestehe, da er nur Allgemein-Bekanntes geschildert habe.

Sonnenstich weist diese Bemerkung voller Entrüstung zurück, lässt den Schüler nicht mehr zu Wort kommen und beendet die Konferenz.

> ! *Wichtige Textstellen/Stichworte*
> • **Kritik an mangelnder Einsicht der Schulrepräsentanten in die eigene Verantwortung für den Selbstmord:** „Wir sehen uns in die Notwendigkeit versetzt, den Schuldbeladenen zu richten, um nicht als die Schuldlosen gerichtet zu werden." (53, 19–21)

## III, 2

Pastor Kahlbauchs Rede am offenen Grab spricht von der ewigen Verdammnis des Selbstmörders. Rentier Stiefel leugnet die Vaterschaft, der Onkel wirft dem Toten fehlendes Verantwortungsgefühl vor und Rektor Sonnenstich sieht den Selbstmord als Bestätigung der sittlichen Weltordnung. Die Mitschüler von Moritz unterhalten sich über die Todesart und halten den Selbstmord für sinnlos. Schließlich kommen Martha und Ilse zum Grab; beide nehmen sich vor, das Grab zu pflegen.

> Begräbnis von Moritz

### *Wichtige Textstellen/Stichworte*
**Unverständnis der Kirche für die Situation des Selbstmörders:** „Denn so wahr dieser eines dreifachen Todes starb, so wahr wird Gott der Herr den Gerechten einführen zur Seligkeit und zum ewigen Leben." (57, 10–12) / „Meiner eigenen Mutter hätte ich 's nicht geglaubt, dass ein Kind so niederträchtig an seinen Eltern zu handeln vermöchte!" (57, 29–31)

## III, 3

Frau Gabor ist dagegen, dass ihr Sohn in ein Erziehungsheim kommt. Sie meint, dass er als Sündenbock fungiere. Ihr Ehemann dagegen ist davon überzeugt, dass die liberale Erziehung durch die Mutter die Ursache für die Probleme sei; Melchior in ein Erziehungsheim zu schicken, wäre ein Versuch, die vernachlässigten elterlichen Pflichten wieder ernst zu nehmen. Frau Gabor ist der Meinung, dass das Heim aus Melchior einen Verbrecher machen werde. Herr Gabor dagegen hält seinen Sohn für moralisch verdorben und geistesgestört. Frau Gabor weist darauf hin, dass Melchior nur

> Herr und Frau Gabor: Melchior soll in ein Erziehungsheim

Natürliches in seinem Brief an Moritz geschrieben habe; sie droht ihrem Mann mit Scheidung für den Fall, dass Melchior in die Korrektionsanstalt kommt. Als Herr Gabor vom Brief Melchiors an Wendla berichtet, in dem er sich bereit erklärt, gemeinsam mit Wendla die Folgen ihrer Schwangerschaft zu verantworten, und als er von der geplanten Flucht Melchiors erzählt, ist Frau Gabor mit der Einlieferung einverstanden.

*Wichtige Textstellen/Stichworte*
**Grundwerte der bürgerlichen Erziehung:** „(Melchior) findet dort, was ihm zu Hause ungerechterweise vorenthalten wurde: eherne Disziplin, Grundsätze, und einen moralischen Zwang, dem er sich unter allen Umständen zu fügen hat. (...) Das Hauptgewicht legt man in der Anstalt auf Entwicklung einer christlichen Denk- und Empfindungsweise. Der Junge lernt dort endlich, das Gute zu wollen statt des Interessanten, und bei seinen Handlungen nicht sein Naturell, sondern das Gesetz in Frage zu ziehen." (65, 14–24)

### III, 4

Melchior im Erziehungsheim

An der Gruppenonanie der Heiminsassen nimmt Melchior nicht teil. Er plant seine Flucht durch das Fenster und den Blitzableiter hinab. Er fühlt sich für Wendla und Moritz verantwortlich und malt sich aus, wie er durch das Schreiben für Zeitungen Geld verdienen könnte. Am Ende der Szene unterhalten sich Dr. Prokrustes und ein Schreiner darüber, wie die Fenster durch schmiedeeiserne Gitter ausbruchssicher gemacht werden können.

*Wichtige Textstellen/Stichworte*
**Inhumanität des Eingesperrt-Seins:** „Die Gefangenschaft macht sie zu Selbstmördern." (66, 9 f.)

*III, 5*

Dr. von Brausepulver untersucht
Wendla, erkennt ihre Schwanger-
schaft nicht und verordnet Tabletten gegen Blutarmut.

Wendla wird vom Arzt untersucht

Wendla hat Todesgedanken; sie vermutet, dass sie an der
Bleichsucht erkrankt sei. Frau Bergmann beruhigt ihre Tochter mit der Versicherung, dass sie nicht sterben werde;
Wendla sei vielmehr schwanger. Wendla kann nicht glauben,
dass sie ein Kind bekommt, da sie nicht verheiratet sei und
außer ihrer Mutter niemanden geliebt habe. Frau Bergmann
rechtfertigt die unterlassene Aufklärung mit dem Hinweis,
dass sie selbst von den eigenen Eltern auch keine Informationen über die menschlichen Geschlechtsverhältnisse erhalten
habe. In Anbetracht der Schwangerschaft vertraut sie auf Gottes Hilfe und appelliert an ihre Tochter, mutig und optimis-
tisch in die Zukunft zu blicken. Am Ende der Szene begrüßt
sie die Mutter Schmidtin, die die Abtreibung vornehmen soll.

*Wichtige Textstellen/Stichworte*
**Anspielungen auf den nahen Tod Wendlas:** „Und dann
kommt das Zahnweh, und ich meine, dass ich morgen am Tag
sterben muss (...)"; „Bring mir den Himmelsschlüssel mit,
wenn du wiederkommst." (69, 8 f. und 24 f.)
**Gesellschaftliche Konsequenz der Schwangerschaft:**
„Großer, gewaltiger Gott –, das ist 's ja, dass du nicht verheiratet bist! Das ist ja das Fürchterliche." (70, 26 f.)
**Defizite der Sexualerziehung Wendlas:** „Aber das ist ja
nicht möglich, Mutter. Ich bin ja doch nicht verheiratet...!";
„Ich weiß es, weiß Gott, nicht mehr! Wir lagen im Heu... Ich
habe keinen Menschen auf dieser Welt geliebt als nur dich,
Mutter." (70,24 und 29–31)
**Verdrängungsversuch Frau Bergmanns:** „Sieh, noch ist ja
nichts geschehen." (71, 5 f.)

### III, 6

Ernst und Hänschen im Weinberg

Ernst und Hänschen Rilow liegen im Weinberg und essen Trauben. Ernst erzählt, wie er sich seine berufliche Zukunft als Pfarrer vorstellt. Hänschen indes möchte mit wenig Aufwand Millionär werden. Beide gestehen sich ihre gegenseitige Liebe und malen sich aus, wie in dreißig Jahren der gerade erlebte Moment im Rückblick erinnert werde.

**!** *Wichtige Textstellen/Stichworte*
**Bewusstsein, nicht den allgemein anerkannten Moralvorstellungen zu entsprechen**: „Die Tugend kleidet nicht schlecht, aber es gehören imposante Figuren hinein." (73, 15 f.)

### III, 7

Schlussszene: Melchior am Grab von Wendla

Melchior ist die Flucht durch die Dachluke des Erziehungsheims gelungen. Er hat vom Tod Wendlas erfahren und will ihr Grab besuchen. Dort angekommen macht er sich den Vorwurf, der Mörder des Mädchens zu sein.
Moritz tritt, den Kopf unter seinem Arm haltend, auf Melchior zu und bittet ihn mehrere Male darum, ihm die Hand zu reichen. Melchior ist nicht vollständig davon überzeugt, dass es sich bei der Erscheinung um Moritz handelt. Moritz erzählt von seinem „Leben" unter den Toten, er stellt positiv heraus, dass Tote leidenschaftslos alles Lebendige betrachten. Wenn Melchior ihm auch nur den kleinen Finger reichen werde, so könne er an der Ruhe und der Zufriedenheit der Toten teilhaben. In dem Moment, in dem Melchior aus Selbstverachtung und Trauer über den Verlust Wendlas einschlagen will, tritt der vermummte Herr auf, der Moritz befiehlt, sofort den Platz

zu verlassen. Er stellt Melchior den Fortschritt der körperlichen Verwesung vor Augen und zwingt Moritz zu dem Geständnis, dass das Totenreich keines der vorher erwähnten positiven Attribute trägt. Dann klärt er ihn über die wahre Todesursache Wendlas auf: Sie sei an dem Abtreibungsmittel, das die Mutter Schmidtin ihr verabreicht habe, gestorben. Auf die wiederholte Frage Melchiors nach seiner Identität gibt der vermummte Herr keine Antwort.

Mit der Hilfe von religiösen und ethischen Fragen versucht Melchior eine Identitätsbestimmung des vermummten Herrn. An den Kommentaren, die Moritz jeweils einwirft, wird erkennbar, dass er seinen Selbstmord bereut und ihn den gesellschaftlichen Moralvorstellungen, insbesondere der Verpflichtung, die Eltern zu achten, anlastet. Der vermummte Herr entgegnet auf den Vorwurf, dass er nicht auch Moritz in den letzten Stunden seines Lebens helfend erschienen sei, mit dem Hinweis auf Ilse, die ihn dem Leben wieder hätte verbinden können.

Moritz verabschiedet sich von seinem Freund, indem er sich dafür entschuldigt, dass er ihn hat zu sich in den Tod ziehen wollen. Melchior verspricht ihm, bis ans Lebensende an ihn zu denken und geht mit dem vermummten Herrn ab.

*Wichtige Textstellen/Stichworte*
**Selbstvorwürfe Melchiors:** „Ich bin ihr Mörder." (75, 5)
**Definition von Moral**: „Unter Moral verstehe ich das reelle Produkt zweier imaginärer Größen. Die imaginären Größen sind Sollen und Wollen. Das Produkt heißt Moral und lässt sich in seiner Realität nicht leugnen." (80, 30–34)
**Vermummter Herr als Symbol des Lebens:**
„Ich führe dich unter Menschen. Ich gebe dir Gelegenheit, deinen Horizont in der fabelhaftesten Weise zu erweitern. Ich

mache dich ausnahmslos mit allem bekannt, was die Welt Interessantes bietet." (79, 20–23)

„Erinnern Sie sich meiner denn nicht? Sie standen doch wahrlich auch im letzten Augenblick noch zwischen Tod und Leben." (81, 20–22)

**Anspielung auf das Entwicklungspotenzial des Knaben Melchior:** „Komm, Kind!" (82, 14)

**Komik und Tragödie**: So kehre ich denn zu meinem Plätzchen zurück, richte mein Kreuz auf, das mir der Tollkopf so rücksichtslos niedergestampft, und wenn alles in Ordnung, leg ich mich wieder auf den Rücken, wärme mich an der Verwesung und lächle..." (82,19–24)


## 2.3 Aufbau

**Dramenform**

*Frühlings Erwachen* enthält **Elemente des geschlossenen** und des **offenen Dramas**: Wedekinds Bezeichnung als „Tragödie" legt nahe, dass es dem klassischen Aufbau der Tragödie folgt. Tatsächlich lässt sich in den drei Akten eine Struktur erkennen, die dem klassischen Aufbau von **Exposition, Steigerung/Peripetie, fallende Handlung/Lösung** nachempfunden ist.

Erster Akt

Im ersten Akt werden die behandelten Themen benannt und entfaltet, die Hauptpersonen treten auf. Ausdrucksformen von verdrängter jugendlicher Sexualität (Träume, Masochismus Wendlas) werden benannt; mit der Drohung Moritz', sich bei Nicht-Versetzung das Leben zu nehmen, wird der **dramatische Knoten** geschürzt.

Im zweiten Akt wird die **Handlung weiter entwickelt**: Der Verzicht auf sexuelle Aufklärung Wendlas bedingt deren völlige Unkenntnis drohender Folgen beim Geschlechtsverkehr mit Melchior. **Höhepunkt und Peripetie** sind erreicht, als Moritz nicht versetzt wird und er Frau Gabor um Hilfe bittet; sein Selbstmord, aber auch Wendlas Ahnung möglicher Folgen des Geschlechtsverkehrs leiten die fallende Handlung ein. Die **Peripetie** wird in II, 7 besonders deutlich, als sich Moritz zwischen der das Leben verkörpernden Ilse und dem Tod entscheiden muss und den Tod wählt. Onanie und Prostitution werden als weitere Möglichkeiten sexueller Aktivität vorgestellt.

*Zweiter Akt*

Im dritten Akt sind die Schulkonferenz, das Begräbnis und das Erziehungsheim als **Elemente der fallenden Handlung bzw. als Folgen der Handlungen aus dem zweiten Akt** zu verstehen. Der **Tod Wendlas ist der tragische Höhepunkt des** Aktes; Melchior bleibt durch das Eingreifen des vermummten Herrn von der Katastrophe verschont; sein Weiterleben deutet auf einen **Lösungsweg** hin. Im dritten Akt werden Gruppenonanie und Homosexualität als Formen der Sexualität thematisiert.

*Dritter Akt*

*Frühlings Erwachen* enthält daneben **Elemente des offenen Dramas**: **Verzicht auf die Einheiten der Zeit** – das Stück spielt vom 05. Mai 1892 bis kurz nach dem Tod Wendlas am 27. Oktober 1892 –, **der Handlung** – es sind mehrere Handlungsstränge (Moritz, Melchior, Wendla, Hänschen) erkennbar –, und **des Ortes** – Vielzahl verschiedener Spielorte wie z. B. Wohnzimmer, Straße, Park, Heuboden. Manche **Szenen** stehen **unver-**

*Elemente des offenen Dramas*

**bunden** zwischen anderen, z. B. II, 3 und III, 6; für alle anderen Szenen gilt aber, dass sie **nicht frei gruppierbar** sind. Der **individuelle Held** der klassischen Tragödie, der, gegen das unausweichliche Schicksal kämpfend, untergeht, **fehlt**; geboten werden einzelne **Fallstudien**, in deren Mittelpunkt stets pubertierende Kinder stehen, die sich subjektiv allerdings in einer **schicksalshaften Notlage** befinden, an der vor allem Moritz und Wendla scheitern. Nimmt man die **karikierende** und bis ins **Groteske** hineinreichende Zeichnung der Erwachsenenwelt hinzu, so kann man – dem Vorschlag Guthkes folgend – Frühlings Erwachen als **Tragikomödie** klassifizieren:

> „Das heißt: der Untertitel Tragödie bezieht sich auf die dramatische Gesamtkonstellation, die schicksalhafte Situation, in der die Halbwüchsigen scheitern. Diese Tragik wird aber in zweifacher Weise modifiziert, einmal indem es fast nur komische Figuren sind, die jene Situation konstituieren, und zweitens indem die Opfer selbst leicht karikiert sind."[15]

---

15 Guthke, S. 330.

# Aufbau

| | **I. Akt**<br>Exposition | **II. Akt**<br>Entwicklung und<br>Steigerung/Peripetie | **III. Akt**<br>Retardation und<br>Krise/Lösung |
|---|---|---|---|
| **Themen-**<br>**komplex 1**<br><br>**Sexualität** | I, 1 repressive Einstellung Frau Bergmanns<br><br>I, 2: Diskussion über Sexualerziehung; sexuelle Traumfantasien Moritz wünscht eine schriftliche Sexualaufklärung von Melchior.<br><br>I, 3: Probleme bei der Akzeptierung der eigenen Geschlechtlichkeit<br><br>I, 5 Masochismus Wendlas | II, 2 Wendla wird nur scheinbar von der Mutter sexuell aufgeklärt (Heirat und Liebe als „Fortpflanzungsmittel")<br><br>II, 3 Onanie und ihre moralische Bewertung in der Gesellschaft<br><br>II, 4 Geschlechtsverkehr zwischen Wendla und Melchior Melchiors Ansicht: Egoismus als Ausschlag gebendes Handlungsmotiv des Menschen<br><br>II, 6 Unruhe und Schuldgefühle Wendlas<br><br>II, 7 Prostitution / Sexualität als Lebensprinzip | III, 5 Wendlas Schwangerschaft und Abtreibung<br><br>III, 4 Gruppenonanie im Erziehungsheim<br><br>III, 6 Homosexualität (Ernst/Hänschen) |

| **I. Akt**<br>Exposition | **II. Akt**<br>Entwicklung und<br>Steigerung/Peripetie | **III. Akt**<br>Retardation und<br>Krise/Lösung |
|---|---|---|

| | **I. Akt**<br>Exposition | **II. Akt**<br>Entwicklung und<br>Steigerung/Peripetie | **III. Akt**<br>Retardation und<br>Krise/Lösung |
|---|---|---|---|
| **Themen-<br>komplex 2**<br><br>**Schule/<br>Erziehung** | I, 2 Leistungsdruck durch die Schule<br><br>I, 3: Züchtigung als Erziehungsmittel<br><br>I, 4 Moritz erfährt von seiner Versetzung auf Probe; Drohung mit Selbstmord bei Nicht-Versetzung<br><br>I, 5 Melchiors Ansicht: Egoismus als Ausschlag gebendes Handlungsmotiv des Menschen | II, 1 Humane Erziehungsgrundsätze Frau Gabors /stetig wachsender schulischer Leistungsdruck auf Moritz – er droht mit Selbstmord.<br><br>II, 5 Nach der Mitteilung der Nicht-Versetzung bittet Moritz vergeblich Frau Gabor um Hilfe bei der Flucht. / Selbstmorddrohung<br><br>II, 7 Selbstmord Moritz' (Motiv: Verantwortungsübernahme für Enttäuschung der Eltern) | III, 1 Schulausschluss Melchiors<br><br>III, 2 Begräbnis Moritz'<br><br>III, 3 Erziehungsheim als Erziehungsmittel für Melchior<br><br>III, 7 Melchior wird ins Leben zurückgeführt; Moritz sieht Selbstmord als Fehler. |

## 2.4 Personenkonstellation und Charakteristiken

Ein Personenverzeichnis fehlt sowohl im Erstdruck als auch in den späteren Buchausgaben. Das folgende Schaubild orientiert sich am Personenverzeichnis der Reclam-Ausgabe.

Insgesamt treten **39 Personen** auf, rechnet man die Gymnasiasten und die Gruppe der Winzerinnen und Winzer, die ohne eigene Redeanteile bleiben, zu den Haupt- und Nebenfiguren hinzu. Zu den **Figuren**, die einen Anteil an der in der Exposition thematisch vorbereiteten **Haupthandlung** haben, zählen zweifellos Melchior, Moritz und Wendla, denen auf der Seite der Erwachsenen Frau Gabor (mit Einschränkung auch Herr Gabor) sowie Frau Bergmann gegenüberstehen. Diesen Hauptfiguren sind die folgenden **Nebenfiguren** zugeordnet, deren **Funktion** sich **auf die jeweilige Auftrittsszene beschränkt**: Schlossermeister, Pedell, Otto, Robert, Georg, Lämmermeier, Ina Müller. Als **Episodenfiguren** lassen sich die Figuren bezeichnen, die keine Hauptfiguren sind, deren Auftritt nicht situativ begründet und begrenzt ist (wie bei den Nebenfiguren), sondern im **Zusammenhang mit dem Problemgehalt des Dramas** steht. Solche Personen sind: Herr Gabor, Rentier Stiefel, Hänschen Rilow, Ernst Röbel, Martha Bessel, Thea, Ilse, die Gymnasialprofessoren (Sonnenstich, Hungergurt, Knochenbruch, Affenschmalz, Knüppeldick, Zungenschlag, Fliegentod), Pastor Kahlbauch, Ziegenmelker, die Zöglinge der Korrektionsanstalt (Diethelm, Reinhold, Ruprecht, Helmuth), Ilse, Dr. Prokrustes, Dr. von Brausepulver, der vermummte Herr.

Deutlich erkennbar ist, dass auf den **Jugendlichen** das **Hauptaugenmerk der Handlung** liegt: In **acht Szenen** treten nur **Jugendliche** auf (I, 2, 3, 5; II, 3, 4, 6, 7; III, 6), dagegen gehören **zwei Szenen** ausschließlich **Erwachsenen**

(II, 5; III, 3). **In neun Szenen treten Jugendliche und Erwachsene gemeinsam auf** (I, 1, 4; II, 1, 2; III, 1, 2, 4, 5, 7).

Die **Erwachsenen** vertreten jeweils **unterschiedliche gesellschaftliche Erziehungsinstitutionen**: Familie, Schule, Korrektionsanstalt, Kirche. Die Jugendlichen sind – bis auf das Modell Ilse – Schülerinnen und Schüler. Der vermummte Herr lässt sich zunächst keiner der aufgeführten Institutionen zuordnen; als **Personifikation der Lebensbejahung** vertritt er ein **ethisches Prinzip**. Ilse arbeitet als Modell und wohl auch als Prostituierte, sie steht daher außerhalb der Schülerinnengruppe.

Ordnet man die Figuren der jeweiligen Erziehungsinstitution zu, so ergibt sich das folgende Schaubild:

## Gesellschaftliche Erziehungsinstitutionen

| FAMILIE | SCHULE | KIRCHE | KORREKTIONS-ANSTALT |
|---------|--------|--------|---------------------|
| Herr Gabor (Frau Gabor) Frau Bergmann Rentier Stiefel | Sonnenstich Hungergurt Knochenbruch Affenschmalz Knüppeldick Zungenschlag Fliegentod | Pastor Kahlbauch | Dr. Prokrustes |

Vorgabe inhumaner Verhaltensnormen: repressive Sexualethik, Leistungsdruck, Gehorsam bei Nicht-Befolgung: Bestrafung

 **KONFLIKT**   *vermummter Herr als Vermittler*

Wunsch nach sexueller Aufklärung, elterlichem Vertrauen, geringerem Leistungsdruck, Akzeptierung der Individualität

|  | Melchior Moritz Otto Robert Georg Ernst Hänschen Lämmermeier |  |
|---|---|---|
| Wendla Martha Thea |  | Diethelm Reinhold Ruprecht Helmuth |

| SCHÜLERINNEN | SCHÜLER | ZÖGLINGE DER KORREKTIONS-ANSTALT |
|--------------|---------|----------------------------------|

## Die Jugendlichen

In der folgenden Charakterisierung werden die Figuren berücksichtigt, deren Auftreten einen direkten Bezug zu den im Drama verhandelten Problemkreisen haben.

**Hauptfiguren**:

**Moritz Stiefel**

Moritz tritt in I, 2, 4; II, 1, 7 sowie in III,7 auf, seine Figur ist mit den Hauptthemen des Dramas, Schule und Sexualität, aufs Engste verknüpft.

Motiv der Angst

Das Motiv der Angst, seine Eltern zu enttäuschen, begleitet bereits den ersten Auftritt von Moritz: Im Gespräch mit Melchior wird deutlich, dass Moritz **kein leistungsstarker Schüler** ist, seine drohende Nicht-Versetzung bereitet ihm aufgrund der damit einhergehenden Enttäuschung seiner Eltern Angst. Als Ausweg sieht er die Flucht nach Altona, d. h. auf ein Schiff, an (vgl. 9, 25 f.).

Die probeweise Versetzung spornt seinen Leistungswillen an, gleichzeitig muss er sich erneute schulische Defizite eingestehen (vgl. II, 1). Moritz vergleicht sich mit Ernst Röbel, einem Mitschüler, der ebenfalls nur probeweise versetzt worden ist, und bekräftigt erneut seine Entscheidung sich umzubringen, wenn er die Klasse nicht schafft. „Röbel hat keine Eltern, die ihm ihr Alles opfern. (...) Wenn ich durchfalle, rührt meinen Vater der Schlag, und Mama kommt ins Irrenhaus" (28,31–29,2).

Auch die aufkeimenden sexuellen Regungen, die der völlig überraschte Moritz (vgl. 12, 16) als schlecht, sündhaft empfindet (vgl. z. B. 14, 2 f.), sind mit tiefen Schuldgefühlen gegenüber seinen Eltern belastet: „Meine lieben Eltern hätten hundert bessere Kinder haben können"

Schamgefühl

(13, 24 f.). Seine eigenes Schamgefühl erklärt er mit den Auswirkungen der Erziehung, und er macht sich zusammen mit Melchior Gedanken darüber, wie man die Scham durch eine geeignete Erziehung von Jungen und Mädchen eliminieren könnte (vgl. 11, 18–17). Bei seiner Argumentation nimmt er Bezug auf die auf Rousseau zurückgehende Vorstellung, dass der Mensch von Geburt aus gut sei und erst die Gesellschaft ihn schlecht mache, mithin sei das Schamgefühl seiner Vorstellung nach ein Produkt der Erziehung.

Moritz wurde von seinen Eltern nicht aufgeklärt. Das wird deutlich, wenn er seine Reaktion auf den ersten sexuellen Traum formuliert: „Ich hielt mich für unheilbar" (12,34). Seine emotionale Reaktion auf diese erste Begegnung mit der eigenen Sexualität drückt Moritz mit biblischen Motiven aus: Er fühle sich wie Jesus im Garten Gethsemane (vgl. 12, 35), dies ist ein Ort des Zweifels und des Abschieds für Jesus. Auf Moritz hin gedeutet bedeutet der biblische Vergleich, dass er sich in einem **Ablösungsprozess von der Kindheit** wiederfindet, es ist an der Zeit, unwiderruflich erwachsen zu werden.

Moritz bittet Melchior darum, ihn sexuell aufzuklären; ein weiterer Hin-

Aufklärung

weis auf seine Scheu ist die Bitte, diese Aufklärung nicht mündlich, sondern schriftlich zu formulieren: „Ich kann nicht gemütlich über Fortpflanzung plaudern"(14, 32 f.).

Die **tiefe existenzielle Anrührung** durch das Thema der Sexualität lässt sich auch in dem Märchen von der kopflosen Königin erkennen (vgl. 29, 27–30, 15). Die Selbstinterpretation Moritz' zeigt das Verlangen nach und die Scheu vor der Begegnung mit dem anderen Geschlecht (vgl. 30, 12–15). Im positiven Ende des Märchens versteckt sich die Hoffnung des Jungen auf eine gelingende Entfaltung der eigenen Sexualität.

Moritz erhält mit der Figur der Ilse sogar eine Gelegenheit zur Entfaltung (vgl. II, 7), sein Verzicht darauf lässt sich bereits als eine Art „emotionaler Selbstmord" deuten, der physische Selbstmord lässt danach nicht mehr lange auf sich warten.

Selbstmord

Moritz' **Selbstmord** in II, 7 ist die **konsequente Realisierung seiner Ankündigungen**, sich im Falle einer Nicht-Versetzung das Leben zu nehmen. Darüber hinaus sieht er ihn als eine Befreiung von dem Gefühl an, nicht zur Gesellschaft zu gehören (vgl. 43, 27). Moritz bestreitet jeglichen Schicksalsglauben, er hält den Zufall für das das menschliche Leben bestimmende Prinzip (vgl. 44, 14) und versucht sich auf diese Weise eine Legitimationsbasis für die Tat zu konstruieren.

Moritz erscheint im Drama als die **Figur eines mutlos-labilen, von Minderwertigkeitsgefühlen bestimmten und ängstlichen Jugendlichen.** Erst nach seinem Tod erkennt er, dass sein entscheidender Fehler die mangelnde Lebensbejahung gewesen ist (vgl. III, 7) und dass eine überkommene Moralauffassung ihn in den Tod getrieben hat: „Meine Moral hat mich in den Tod gejagt. Um meiner lieben Eltern willen griff ich zum Mordgewehr" (80, 35–81, 1). Er bereut seine Tat und möchte gerne ins Leben zurück, er will Melchior auf seinem Weg mit dem vermummten Herrn begleiten: „Zeitlebens wollte ich nur klagen und jammern dürfen, wenn ich dich nun noch einmal hinausbegleiten könnte!" (81, 31–33)

### Melchior Gabor

In I, 4 wird Melchior, der von seiner Mutter liberal erzogen worden ist, in einer indirekten Charakterisierung von Wendla als besonders **leistungsstarker Schüler** eingestuft (vgl. 19, 10). Seine schulischen Leistungen beeindrucken Lehrer wie auch Mitschüler. Melchior wird als junger Mann vorgestellt, der sich gründliche Gedanken zu Fragen der Moral macht. In der Diskussion

Schamgefühl

mit Moritz in I, 2 erklärt er das Schamgefühl sowohl als angeboren als auch als Modeerscheinung (vgl. 10, 12–17). Dass Moritz das Schamgefühl mit einer Erziehung bekämpfen will, die eine möglichst große sexuelle Freizügigkeit gestattet, hält er für gefährlich. Vielmehr geht er davon aus, dass sexuelle Regungen ihren natürlichen Weg finden (vgl. 10, 18–27). Über seine eigenen sexuellen Gefühle spricht er offen mit Moritz und berichtet, dass ihm der erste sexuell orientierte Traum nur wenig Scham bereitet habe. Der Bitte Moritz', ihm einen Aufklärungsbrief abzufassen, entspricht Melchior: „Es ist mir das eine ganz interessante Arbeit" (15, 8).

Melchior hat eine **wachen und vor allem kritischen Verstand**. Das erkennt Wendla, wenn sie in I, 3 berichtet, Melchior würde an nichts glauben (vgl. 19, 22–24). Bei ihrer Begegnung im Wald versucht Melchior das Mädchen davon zu überzeugen, dass allen menschlichen Handlungen letztlich **Egoismus** zugrunde liegt. Atheismus

Atheismus und Egoismus-Theorie

und Egoismus-Theorie verbinden die Figur des Melchior mit der des jungen Wedekind, der dieselben Gedanken 1881 in einem Brief an Adolph Vögtlin formuliert hat.[16] Wegen dieser Erkenntnis möchte Melchior auf die Konfirmation verzichten, wenn der Pastor keine überzeugenden Argumente gegen seine Egoismus-Theorie habe (25, 3 f.). Dass Argumente sich allerdings als nutzlos erweisen, auch wenn sie noch so überzeugend sind, muss Melchior in der Relegationskonferenz in III, 1 erkennen, in der er gezwungen wird, nur mit Ja oder Nein zu antworten.

Melchior ist darüber hinaus **sensibel**; dass Wendla unbedingt von ihm geschlagen werden will, kann er nicht begreifen,

---

16 Vgl. Materialienteil, S. 103 f.

nachdem er seine Selbstbeherrschung verloren hat, läuft er in tiefer Scham davon. Auf der anderen Seite lässt er seinen

**Vergewaltigung**

sexueller Regungen freien Lauf, wie in der Szene, in der es zur Vergewaltigung Wendlas kommt, deutlich wird (vgl. II, 4).

Melchior liest Goethes *Faust*; er sieht die Lektüre-Verbote der Erwachsenen als unbegründet an, da sie seiner Meinung nach nur auf die Beziehung zwischen Faust und Gretchen abheben. Ganz allgemein kritisiert Melchior, dass sich die Erwachsenen anscheinend nur um Fragen der Sexualität kümmerten (vgl. 32, 16).

Nach der Vergewaltigung Wendlas und dem Selbstmord Moritz' wird er aus der Schule ausgeschlossen, da seine Lehrer davon überzeugt sind, dass er sich durch den Aufklärungsbrief mitschuldig gemacht hat am Tode Moritz'. In einem Brief

**Verantwortung**

an Wendla übernimmt er die **Verantwortung** für Folgen der Vergewalti

gung, gleichzeitig plant er die Flucht nach England; für seine Eltern ist die Kenntnis des Briefes der letzte Auslöser dafür, ihn in ein Erziehungsheim zu geben.

Melchior ist eine Figur, die auf der einen Seite der eigenen Triebhaftigkeit ausgeliefert ist, die auf der anderen Seite aber auch fähig ist, die **eigene Situation kritisch zu reflektieren**. Er kann genau **beobachten** und erkennt beispielsweise, dass die Zöglinge der Korrektionsanstalt ihre Sexualität in würdeloser Weise ausleben. Treffend analysiert er den Grund: „Die Gefangenschaft macht sie zu Selbstmördern" (66, 10).

Er flieht aus der Anstalt, weil er Wendla vermisst und sich wegen des Selbstmordes von Moritz Vorwürfe macht; diese Gründe lassen sich aus seinem inneren Monolog in 66, 33–35 herauslesen. Nachdem er von Wendlas Tod erfahren hat, ergeht er sich in Selbstvorwürfen und beabsichtigt im Glauben, er sei ihr Mörder, sich das Leben zu nehmen (vgl. 74, 16–18).

Der vermummte Herr, der seinen eigenen Lebenswillen personifiziert, klärt ihn über die wahre Todesursache Wendlas auf und überzeugt ihn, sich wieder dem Leben anzuvertrauen. Melchiors Charakter lässt sich wohl in mancherlei Hinsicht mit dem des jungen Wedekind vergleichen, wie er aus Briefen an seinen Jugendfreund Vögtlin überliefert ist. Melchiors Theorie vom den Menschen bestimmenden Egoismus bewahrheitet sich an ihm selbst nicht nur in der Auslebung der sexuellen Begierde, sondern schließlich auch im **Sieg seines Lebenswillens über den Todestrieb**, der sich in Gestalt des toten Moritz präsentiert. Dies wird eine „Lösung" sein, die **Wedekinds eigener Erfahrung** nachempfunden ist.

> Sieg seines Lebenswillens über den Todestrieb

## Wendla Bergmann

Wendla tritt in I, 1, 3, 5; II, 2, 4, 6 und III, 5 auf.

In I, 3 feiert sie am 05. 05. 1892 ihren 14. Geburtstag und will das unvorteilhafte weite Kleid, das ihre Mutter für sie genäht hat, nicht tragen. Die **körperfeindliche Haltung ihrer Mutter** erkennt sie recht deutlich, wenn sie das lange Kleid als „Bußgewand" (7, 18) bezeichnet.

Der Bericht Marthas über die erlittene körperliche Züchtigung löst unter Martha, Thea und Wendla ein Streitgespräch über Kindererziehung aus: Wendla ist froh darüber, ein Mädchen zu sein (vgl. 18, 36), möchte aber dennoch Jungen bekommen, weil sie meint, die Liebe eines Mannes sei wertvoller als die eines Mädchens (vgl. 18,21–23). Hinter diesem Wunsch steht **bürgerliche Leistungsethik**, die den **Wert eines Menschen nach seiner sozialen Stellung** bestimmt. Folgerichtig erklärt sie das Glück eines anderen Mädchens aus deren sozialen Defiziten: „Melitta ist selig, weil sie zehntausendmal mehr bekommt, als sie ist" (18, 28 f.).

Im Gespräch mit Thea und Martha erfährt sie, dass Martha von ihren Eltern misshandelt wird (vgl. 16 f.). Sie äußert den Wunsch, anstelle von Martha in einem Sack schlafen zu müssen (vgl. 17, 14 f.).

**Nächstenliebe**

Im Gespräch mit Melchior in I, 5 wird ihre Nächstenliebe, die sich in der **Hilfe für die Armen** konkretisiert, als Egoismus bezeichnet. Melchior hält ihr Selbstsucht vor, weil es ihr Freude mache, mildtätig zu sein: „Es gibt keine Selbstlosigkeit" (25, 10 f.). Das Thema der Hilfsbereitschaft aus Freude wird zusammen mit Marthas Geschichte aufgegriffen. Wendla wolle gerne an ihrer Stelle eine Woche verbringen. Im Hintergrund spielt aber auch Wendlas **masochistischer Wunsch** mit zu erfahren, wie es ist, gezüchtigt zu werden (vgl. 26, 3–8). Nach anfänglichem Zögern erfüllt ihr Melchior den Wunsch (vgl. 26 f.) und schlägt sie.

In II, 5 kommt es zum Geschlechtsverkehr mit Melchior, gegen den sie sich wehrt, weil sie befürchtet, dass das Küssen ein Ausdruck von Liebe sein könnte, die – wie sie von der Mutter erfahren hat – schwanger mache. Melchiors Theorie vom allgegenwärtigen Egoismus soll sie beruhigen (vgl. 41, 1–3). In II, 6 wünscht sich Wendla einen Gesprächspartner, mit dem sie das Erlebte besprechen kann (vgl. 43, 18–20).

In der letzten Szene, in der Wendla auftritt, sieht man sie bereits in leidendem Zustand. Der Arzt erkennt die wahre Ursache des Krankheit nicht, und als ihr die Mutter Aufklärung verschafft, will sie es nicht glauben, da sie Melchior nicht geliebt habe.

Wendla ist in diesem Stadium kurz vor ihrem Tod äußerst **sensibel**: Sie hört z. B. das Klopfen an der Tür, das von der

**Todesahnungen**

Mutter Schmidtin stammt, deren Abortivmittel ihr binnen kurzer Zeit den Tod bereiten wird. Wendlas Todesahnungen lassen sich schon in I, 1 nachlesen; andere Vorausdeutungen, z. B. die Anspielung mit den „Himmelsschlüssel(n)" (69, 24), und die Vorahnung, „(...) das ich morgen am Tag sterben muss" (69, 9) erfüllen sich: Wendla stirbt am 27. 10. 1892.

Selbst die Todesursache wird nicht wahrheitsgemäß bekannt gegeben. Erst der vermummte Herr klärt Melchior darüber auf, dass sie nicht an der Bleichsucht gestorben ist. Wendla ist das **Opfer körperfeindlicher Erziehungsmethoden** und einer nur auf das öffentliche Ansehen gerichteten Moral.

## Frau Bergmann

In I, 1 steht Frau Bergmann dem körperlichen Reifungsprozess ihrer Tochter **hilflos und verklemmt** gegenüber; am liebsten sähe sie es, wenn sich **keinerlei Veränderung ihres Kindes** zeigte (vgl. 7, 22–26); die sich abzeichnenden weiblichen Formen möchte sie unter einem weiten Kleid verborgen wissen.

In II, 2 wird ihre **Scheu gegenüber allem Sexuellen** offenbar: Wendla bittet darum, nach der Geschichte vom Storch den wahren Vorgang der Zeugung erklärt zu bekommen (vgl. 35, 26–32). Frau Bergmann ist verwirrt, reagiert ausweichend und widersprüchlich: „Ich sage dir alles (...) – nur heute nicht, Wendla! – Morgen, übermorgen, kommende Woche ... wann du nur immer willst, liebes Herz ..." (36, 8–11). Erst auf den nachhaltigen Druck Wendlas lässt sie sich darauf ein, ihr zu erklären, dass tiefe **Liebe die Voraussetzung für das Entstehen von Kindern** sei (vgl. 37, 2–8). Sie unterlässt es also, Wendla über die biologischen Vorgänge der Fortpflanzung zu informieren, obgleich sie von ihrer Tochter darum gebeten worden ist. Die Schwangerschaft Wendlas, die letztlich eine Folge fehlender

*Tabuisierung sexueller Themen*

sexueller Aufklärung ist, ist somit teilweise diesem **Versagen der Mutter** anzulasten.

Frau Bergmann hat Schwierigkeiten damit, sich klar zu machen, dass ihre Tochter kein Kind mehr ist. Dies macht auch ihre Reaktion nach der vermeintlichen Aufklärung deutlich, als sie die kindhafte Bekleidung des Mädchens begutachtet und wieder den zu kurzen Rock kritisiert (vgl. 37, 13–19).

Der Versuch der **Tabuisierung sexueller Themen** wird Wendla in III, 5 zum Verhängnis. Frau Bergmann erkennt, dass ihre Tochter schwanger geworden ist und wirft ihr vor, sie dadurch in eine leidvolle Situation gebracht zu haben. Wendla rechtfertigt sich damit, dass sie den Mann doch gar nicht geliebt habe, sodass die Voraussetzung für das Entstehung von Kindern nicht gegeben gewesen sei (vgl. 70, 29 f.). Das Vorenthalten der Wahrheit begründet Frau Bergmann damit, dass es ihre eigene Mutter in der gleichen Weise getan habe, sodass sie gedacht habe, es sei eine korrekte Erziehungsweise (vgl. 71, 3 f.).

Frau Bergmann ist **nicht lernfähig**. Sie erkennt nicht, dass ihre Tabuisierung sexueller Themen Wendlas Leben entscheidend beeinflusst hat. Mit einer **Mischung aus Gottvertrauen** (vgl. 71, 3f.) **und Selbsthilfe** versucht sie, die Konsequenzen ihres Versagens zu vertuschen, und sie zwingt Wendla, das Abortivmittel der Mutter Schmidtin einzunehmen, an dem das Mädchen schließlich stirbt.

Auch wenn Frau Bergmann insbesondere durch ihre Sprache als Karikatur wirkt, so weist ihr Versuch, das Unaufhaltsame durch Fehlinformationen und Fehlentscheidungen zu verhindern, **tragische Züge** auf. Sie steht für **falsch verstandene Rücksichtnahme auf die öffentliche Meinung**, **Scheu und Verklemmtheit**, letztlich für die **Inhumanität bürgerlicher Sexualmoral**, die dem Menschen die Informationen über natürliche Lebensprozesse nicht nur vorenthält, sondern sogar – wie das Beispiel von Melchiors Brief lehrt – sanktioniert. Leidtragende dieser Sexualmoral sind die Jugendlichen.

### Frau Gabor, Herr Gabor

**Frau Gabor** tritt in II, 1 zusammen mit Moritz und Melchior auf, in II, 5 beantwortet sie einen Brief Moritz'. Zusammen mit ihrem Ehemann diskutiert sie in III, 3, ob Melchior in ein Erziehungsheim eingeliefert werden soll.

Frau Gabor wird als **sorgende Mutter** eingeführt: Sie erkundigt sich nach dem Gesundheitszustand von Moritz und ermahnt ihn, über dem Lernen die eigene Gesundheit nicht zu vernachlässigen: „Die Schule ersetzt Ihnen die Gesundheit nicht" (30, 28). Ihrem Sohn bringt sie viel Vertrauen entgegen und **verzichtet auf Bevormundung**: „Du bist alt genug, Melchior, um wissen zu können, was dir zugänglich und was dir schädlich ist. Tu, was du vor dir verantworten kannst" (31, 27–29).

Mit der gleichen Sorge antwortet sie Moritz in II, 5, der sie brieflich um Unterstützung seiner durch die Nicht-Versetzung notwendig gewordenen Flucht gebeten hat. Sie versichert ihm noch einmal, dass die schulische Leistung nicht den Wert eines Menschen bestimme: „Es ist meiner Meinung nach durchaus unzulässig, einen jungen Menschen nach

Frau Gabor als fürsorgliche Mutter

seinen Schulzeugnissen zu beurteilen" (42, 20–22). Aus diesem Grund hat sie gegen eine Freundschaft zwischen ihrem Sohn und Moritz nichts einzuwenden. Seine geplante Flucht will sie aber in keinem Fall unterstützen, statt dessen bietet sie sich als Vermittlerin zwischen Moritz und seinen Eltern an.

Frau Gabor ist – zusammen mit dem vermummten Herrn und wohl auch Herrn Gabor – eine der wenigen erwachsenen Figuren, die **nicht als Karikatur** gestaltet sind. Ihr **menschenfreundlicher Charakter** und ihr **liberaler Erziehungsstil** werden in III, 5 von ihrem Mann kritisiert. Herr Gabor bezeichnet die Erziehungsweise seiner Frau als „geistvolle Erziehungsmethode" (61, 10 f.) und wirft ihr mangelnde Ernsthaftigkeit vor, da sie verzichtet habe, ihrem Sohn die Grundprinzipien bürgerlicher Moral zu lehren. Dieses Defizit beweise deutlich der Aufklärungsbrief, der zum Schulausschluss Melchiors führt. Er hält es für falsch, Kindern nicht die Konsequenzen des eigenen Handelns aufzubürden (vgl. 62, 9–12), da sie dadurch keine Charakterbildung erhielten. Der Brief, den Frau Gabor für einen Ausdruck von Dummheit und „kindliche(r) Unberührtheit" (63, 19) hält, ist für ihren Mann der Beweis eines charakterlicher Grundschadens: „Wer das schreiben kann, was Melchior schreibt, der muss im innersten Kern seines Wesens angefault sein" (62,15–17).

Als Frau Gabor davon erfährt, dass Wendla schwanger ist und Melchior die Flucht nach England geplant hat, stimmt sie der Einweisung in die Korrektionsanstalt zu. Der Grund für diesen Meinungsumschwung dürfte in der **Enttäuschung über den Vertrauensbruch ihres Sohnes** liegen. Eine Schwäche ihres Charakters zeigt sich an dieser Stelle: Frau Gabor ist nicht der Lage zu erkennen, dass ihr Sohn gerade in diesem Moment das elterliche Vertrauen benötigt; indem sie sich von ihm abwendet, zeigt sie, dass die eigene Enttäuschung größer ist als das mütterliche Verantwortungsgefühl. Sie scheint das Verhalten ihres Sohnes als persönliche Kränkung aufzufassen und stimmt daher der vermeintlich einzigen „Lösung", der Einweisung in die Korrektionsanstalt, zu. Darüber hinaus scheint auch Frau Gabor ihren Sohn nicht aufgeklärt zu haben; Melchior gesteht Moritz, dass er sein Wissen aus Büchern, Magazinen und Naturbeobachtungen gewonnen habe (vgl. 14, 6–8).

Für Herrn Gabor ist die Korrektionsanstalt der Ort, wo Melchior die Grundprinzipien bürgerlicher Moral kennen lernen wird: christliche Grundsätze, Disziplin, Gesetze (vgl. 65, 14–24). Der Jurist Gabor lässt sich als Mensch charakterisieren, für den kein

> Der Jurist Gabor

langes Diskutieren über die Ursachen (vgl. 61, 18), sondern **pragmatische Lösungen** im Vordergrund stehen. Dies wird z. B. in dem als ironisch aufzufassenden Rat deutlich, den er Frau Bergmann auf die Frage gibt, was sie mit ihrer schwangeren Tochter tun solle: „Ich sagte ihr, sie solle ihre fünfzehnjährige Tochter nicht auf Heuböden herumklettern lassen" (65, 2–4). Auch die Entscheidung, Melchior in ein Erziehungsheim zu geben, ist von der Überlegung geleitet, wie sich der Sohn am besten an die Bedingungen der bürgerlichen Moral anpassen kann.

### Episodenfiguren

### Gymnasialprofessoren

Die Gymnasialprofessoren Sonnenstich, Hungergurt, Knochenbruch, Affenschmalz, Knüppeldick, Zungenschlag, Fliegentod treten bei der Schulausschlusskonferenz in Szene III, 1 in Erscheinung. Sonnenstich und Knochenbruch treten auch in der Beerdigungsszene auf (III, 2). Knochenbruch und Hungergurt unterhalten sich darüber hinaus in Szene I, 4 über die Schüler Moritz und Melchior.

> Die Lehrerschaft wird in grotesker Weise karikiert.

Die Lehrerschaft wird bereits durch die **Namensgebung** in grotesker Weise karikiert. Die Namen könnten **Spitznamen** nachempfunden sein, die die **Lehrer von Schülern** erhalten haben und die jeweils eine **Besonderheit** hervorheben, z. B. den Sprachfehler des Gymnasialprofessors Zungenschlag.

In I, 4 äußern Knochenbruch und Hungergurt ihr Unverständnis darüber, dass Freundschaft zwischen zwei Schülern möglich ist, die leistungsmäßig weit auseinander liegen. Der kurze Dialog ist insofern aufschlussreich, als er die **Bedeutung des Leistungsgedankens** hervorhebt, der dem Schülern von Lehrern beigemessenen Wert zugrunde liegt.

> Autoritätshörigkeit und Egoismus

Während der Relegationskonferenz ergeben sich weitere Charakterzüge: **Autoritätshörigkeit** (vgl. 51, 10 ff.) und **Egoismus**. Die Diskussion über das zu öffnende Fenster, die als Paralleldiskussion neben der eigentlichen über den Schulausschluss geführt wird, soll die **Interesselosigkeit der Pädagogen an pädagogischen Fragen** offenbaren. Das Gespräch zwischen Sonnenstich und Melchior gestaltet sich zu einer farceartigen Vernehmung, in der der Rektor nicht bereit ist, auf die Argumente des Schülers einzugehen, sondern vielmehr darauf drängt, dass der vorher gefasste Relegationsbeschluss durchgesetzt wird. Am Ende des Gesprächs wirft Sonnenstich dem Schüler mangelnden Respekt vor der Lehrerschaft vor (vgl. 56,7–10); nimmt man das Verhalten der Lehrerschaft in der Konferenz einmal zusammen, so müsste sich die Richtung des Vorwurfes gerade umkehren.

**Die Karikatur der Lehrer durch Namensgebung, Verhalten und altertümlich-gestelzte Sprache wird zur Groteske.** Auch die Reaktion von Sonnenstich und Knochenbruch am offenen Grab des Moritz – Sonnenstichs pseudo-philosophischer Monolog verurteilt den Selbstmörder, während Knochenbruch sich in Kraftausdrücken Luft macht – zeigt, dass die **Lehrer** im Drama **als einheitlicher Typus** verstanden werden, den Härte und vor allem mangelnde Fähigkeit, sich in die Bedürfnisse der Jugendlichen einzufinden, auszeichnen. Gerade **die groteske Überzeichnung** kritisiert sie als **Vertreter eines inhumanen bürgerlichen Erziehungsgedankens.**[17]

## Pastor Kahlbauch

Der Pastor hält die Grabrede bei der Beerdigung von Moritz (Szene III, 2). Er behauptet, dass der Selbstmörder sich gegen Gottes Gebote gestellt und damit das ewige Leben – sogar in dreifacher Weise (vgl. 57, 10) – verwirkt habe. Die Trauergemeinde, die auch weiterhin das Leben erdulden wolle, versichert er der Gnade Gottes.

Pastor Kahlbauch ist in grotesker Weise als ein Kirchenvertreter gestaltet, der die **Macht der Gesellschaft über**

> Pastor als Personifizierung der Inhumanität

**den Tod des Einzelnen hinaus repräsentiert.** Damit soll deutlich gemacht werden, dass dem Lebenden gar keine andere Möglichkeit bleibt, als sich den gesellschaftlichen Normen und Moralvorstellungen anzupassen, da ihm selbst die Aussicht auf eine mögliche Befreiung durch den Tod genommen ist. In übertriebener Weise personifiziert der Pastor **Inhumanität**, die gerade von einer Institution wie der Kirche, die sich der Nächstenliebe verpflichtet wissen müsste, nicht erwartet wird; Wedekinds Kritik wirkt somit umso stärker.

---

17 Vgl. auch den Bericht Melchiors über die Reaktion Sonnenstichs auf die Todesmeldung Max von Trenks. Er erinnert sich daran, dass der Überbringer noch zwei Stunden Arrest abzubüßen habe (vgl. 31, 1–11).

Der sprechende Name „Kahlbauch" lässt sich mit der traditionell-sprichwörtlichen Wohlbeleibtheit eines Kirchendieners assoziieren. Das Adjektiv „kahl" dürfte auf eine Mönchstonsur hindeuten, womit die in seiner Gestalt personifizierte Amtskirche klar bestimmbar wird.

### Der vermummte Herr

Widmung

Der vermummte Herr, der keinen Namen trägt, tritt in der Schlussszene (III, 7) auf. Seine besondere Bedeutung wird auch durch die Widmung unterstrichen.

Die erste Handlung bei seinem Auftritt ist die **Richtigstellung der Aussagen des toten Moritz**. Der Tod ist keineswegs erstrebenswert, Moritz muss zugeben, dass er Melchior angelogen hat. Dann klärt er Melchior über die wahren Umstände von Wendlas Tod auf. Auf die Frage nach seiner Identität antwortet er nicht (vgl. 79, 1); seine Identitätsbestimmung erfolgt über die Bedeutung, die er für Melchior hat. Der vermummte Herr verspricht, ihm die Welt zu erschließen: „Ich führe dich unter Menschen. Ich gebe dir Gelegenheit, deinen Horizont in der fabelhaftesten Weise zu erweitern. Ich mache dich ausnahmslos mit allem bekannt, was die Welt Interessantes bietet" (79, 19–23).

Vermummter Herr als Prinzip des Lebens

Der vermummte Herr steht für das **Prinzip des Lebens**. In diesem Sinne ist auch seine Forderung zu verstehen, Melchior müsse sich ihm erst anvertrauen, bevor er ihn kennenlerne (vgl. 26 f.), d.h., dass er sich zunächst für das Leben entscheiden muss, bevor er weiß, was es ihm an neuen Erfahrungen bringt. Auf die Einladung „Komm, Kind!" (82, 14) folgt ihm Melchior und wendet sich damit definitiv von seinen Todesgedanken ab und dem Leben zu.

Dramaturgisch wirkt der vermummte Herr als **ein „deus ex machina"**, sein

„deus ex machina"

Erscheinen bewirkt ein glückliches Ende für Melchior und steht damit im **Gegensatz zu der Gattungsbezeichnung als Tragödie**.

Seine Aufforderung, dass Leben kennen zu lernen, lässt sich auch als **Appell** verstehen, gegen die erkannten gesellschaftlichen Missstände anzugehen. **Moral** wird von ihm definiert als das **reale Produkt der imaginären Größen „Sollen und Wollen"** (80, 32 f.); überprüft werden Moralvorstellungen von seinem gesunden **Menschenverstand**. So weist er Moritz darauf hin, dass seine Eltern die Enttäuschung über die Nicht-Versetzung des Sohnes durchaus verkraftet hätten; die wütende Reaktion ließe sich als Abbau angestauter Aggressionen und damit medizinisch erklären (vgl. 81, 4–8).

Auch wenn der vermummte Herr der Tragödienintention des Stücks auf den ersten Blick zuwiderläuft, so unterstreicht er durch sein Auftreten den das Stück beherrschenden **Gegensatz zwischen Tod und Leben**. Die **Macht der gesellschaftlichen Moralvorstellungen** hat sich zuvor bereits im **Tod von Moritz und Wendla** auf tragische Weise gezeigt.

## Ilse

Das Modell Ilse tritt in Szene II, 7 auf. Sie ist eine ehemalige Schulkameradin von Wendla, Melchior und Moritz, arbeitet aber nun als **Aktmodell** für eine Künstlergesellschaft. Aus ihren Schilderungen geht hervor, dass sie auch dieser Männergesellschaft auch als **Prostituierte** dient. Sie **bietet Moritz,** der zu Beginn der Szenen bereut hat, dass er ohne sexuelle Erfahrung gemacht zu haben sterben werde, andeutungsweise und unter Verwendung infantiler Sprache **ein sexuelles Abenteuer** an: „Komm bis an unser Haus mit! (...) Ich will dir

Locken brennen und dir ein Glöcklein um den Hals hängen. – Wir haben auch noch ein Hü-Pferdchen, mit dem du spielen kannst" (49, 13–18).

Über ihr weiteres Leben macht sie sich keine Illusionen, wenn sie davon ausgeht, dass sie früher als die anderen sterben werde: „Brrr! Bis es an euch kommt, lieg ich im Kehricht" (49, 24).

**Symbol des Lebens**

In III, 7 wird klar, dass Ilse – gerade wie der vermummte Herr – ein **Symbol des Lebens** ist, das Moritz vor dem Selbstmord bewahren soll: Auf die Beschwerde Moritz', der vermummte Herr hätte sich ruhig auch vor seinem Suizid helfend einmischen können, antwortet jener: „Erinnern Sie sich meiner denn nicht? Sie standen doch wahrlich auch im letzten Augenblick noch zwischen Tod und Leben" (81, 20–22).

**Hänschen Rilow**

Der Schüler Hänschen Rilow tritt in vier Szenen des Dramas auf (I, 4; II, 3; III, 2 und III, 6) und bekommt damit ein vergleichsweise großes Gewicht. Seine Gestalt lässt sich in Verbindung mit **Ausdrucksformen pubertärer Sexualität** sehen. In I, 2 erfährt man, dass er von der eigenen Gouvernante aufgeklärt worden ist (vgl. 14, 10–12).

In I, 4 wartet er zusammen mit seinen Mitschülern darauf, dass Moritz aus dem Konferenzzimmer kommt, wo er seine Versetzung in Erfahrung bringen will. Als Moritz herauskommt, interessiert es ihn, ob sein Freund Ernst Röbel auch versetzt worden ist. Erst in III, 7 wird klar, dass es sich bei Ernst um den Freund Hänschens handelt; beide gestehen sich ihre Liebe und tauschen Zärtlichkeiten aus (vgl. 73). Sie vereinbaren, das Leben soweit als möglich zu genießen: „Denke dir die Zukunft als Milchsette mit Zucker und Zimt. Der eine wirft sie um und

**Ernst Röbel**

zittert und heult, der andere rührt alles durcheinander und schwitzt. Warum nicht abschöpfen?" (72, 29–33)

Hänschen will es vor allem vermeiden, in die Fußstapfen der Eltern zu treten, die er für unzufrieden hält: „Sieh, unsere Alten zeigen uns lange Gesichter, um ihre Dummheiten zu bemänteln" (72, 25 f.). Hänschen hält sich nicht für fähig, tugendhaften Vorstellungen zu entsprechen: „Die Tugend kleidet nicht schlecht, aber es gehören imposante Figuren hinein" (73, 15). Gleichzeitig wirkt seine Äußerung, man werde die momentane Situation in 30 Jahren wohl belächeln, altklug; diese Einschätzung ist für ihn keine Grund, das Zusammensein mit Ernst nicht zu genießen.

Mit der Homosexualität vertritt Häns-      Homosexualität
chen eine **Spielart des sexuellen Er-**
**wachsen-Werdens**. In II, 3 inszeniert er die **Vernichtung**
**seiner Onanier-Vorlagen als eine Art literarisches Be-**
**gräbnis.** Mit den Worten, mit denen Shakespeares Othello Desdemona tötet, entledigt sich Hänschen der Bilder mit sinnlichen Darstellungen von Frauen. Der sprachliche **Bezug auf die klassische Tragödie** unterstreicht seine **Ernsthaftigkeit** und die **hohe Bedeutung**, die er der Handlung zuweist. Als Grund für die Zerstörung nennt Hänschen die einschlägige medizinische Fehlinformation, mit der das Verbot von Onanie begründet worden ist: „Aber du saugst mir das Mark aus den Knochen, du raubst meinen jungen Augen den letzten Glanz" (38, 20–22). Hänschen verspricht sich von der Aktion auch eine Zunahme seiner Körperkraft: „Aber mein Gewissen wird ruhiger werden, mein Leib wird sich kräftigen (...)" (39, 11 f.). Der wahre Grund für die angestrebte Feierlichkeit des Rituals könnte auch in der Liebe zu Ernst Röbel liegen; die Vernichtung der Frauenbilder wäre dann zu interpretieren als das konsequente **Eingeständnis eigener Homosexualität.**

Sein Kommentar zum Selbstmord von Moritz ist aufschlussreich, da er seine **Gleichgültigkeit gegenüber gesellschaftlichen Moralvorstellungen** an den Tag legt. Er hält Moritz für einen „Tollpatsch" (58, 29) und begleitet die Schaufel voller Erde, die er ins geöffnete Grab wirft, mit der ironischen Bemerkung, Moritz solle die „ewigen Bräute" (58, 27), gemeint sind die in II, 3 vernichteten Frauenbilder, grüßen.

Hänschen Rilow steht für einen Jugendlichen, der seine **Sexualität mit Pathos, aber auch mit Unbekümmertheit lebt und gesellschaftlichen Moralvorstellungen distanziert** gegenüber steht.

## 2.5 Sachliche und sprachliche Erläuterungen

Die folgende Liste enthält solche Erläuterungen, die historisches, sprachgeschichtliches oder ganz allgemeines lexikalisches Wissen verlangen, das bei Schülern nicht ohne weiteres vorausgesetzt werden kann. Wort- und Sacherklärungen zu *Frühlings Erwachen* finden sich außerdem in der Reclam-Ausgabe und in dem vom selben Autor, Hans Wagener, stammenden Reclam-Bändchen *Erläuterungen und Dokumente*. Die Stellenangaben in der linken Spalte beziehen sich jeweils auf die Reclam-Ausgabe.

**Titel**

1           *Kindertragödie*: Dramenbezeichnung ohne literarisches Vorbild[18]

---

18  Vgl. zur Frage der Berechtigung der Bezeichnung „Tragödie" S. 44–46.

## Personen

3    *Rentier*: Empfänger von Altersversorgungs-
     bezügen, Rentner, auch: Empfänger von Erträgen
     aus Rentenpapieren
     *Sonnenstich, Affenschmalz, Knüppeldick, Hungertod,*
     *Knochenbruch, Zungenschlag, Fliegentod*: sprechen-
     de Namen, die charakteristische Eigenschaften
     hervorheben, z. B. *Zungenschlag* als Lehrer mit ei-
     nem Sprachfehler
     *Habebald:* einer der drei Gewaltigen in *Faust II*
     *Pedell:* Hausmeister
     *Korrektionsanstalt*: Erziehungsheim
     *Dr. Prokrustes*: griech. „Strecker". In der griech.
     Mythologie ist das der Name des Riesen, der seine
     Besucher jeweils der Größe des Bettes anpasst.
     *Medizinalrat*: Arzttitel im staatlichen Gesundheits-
     wesen

## Widmung

5    *Dem vermummten Herrn*: Personifikation des Le-
     bens, in der Widmung besonders hervorgehoben

### 1. Akt, 1. Szene

7, 12    *Zoll*: altes deutsches Längenmaß, entspricht ca.
         2–3 cm
7, 16    *Nachtschlumpe*: herabhängendes, nachlässig klei-
         dendes Nachthemd
7, 20    *Litze*: „Schnur"
8, 7     *Volants*: (frz.) „Stoffbesatz"

## 1. Akt, 2. Szene

9, 3      *Ludwig der Fünfzehnte*: französischer König (1715–1774)

9, 4      *Homer*: griech. Dichter (8. Jh. v. Chr.), wahrscheinlich Schöpfer der Epen *Odyssee* und *Ilias*

9,34 f.      *Charybdis*: Meerungeheuer, das dreimal täglich das Wasser einsaugt und wieder ausspeit

9, 35      *Skylla*: Ungeheuer mit sechs Köpfen in Homers *Odyssee*. Odysseus muss mit seinen Gefährten zwischen Skylla und Charybdis hindurchsegeln. Als Redensart bedeutet der Ausdruck „die Wahl zwischen Skylla und Charybdis haben" soviel wie „sich in einer ausweglosen Situation befinden".

10, 2      *Dryade*: griech. „Eiche", bezeichnet in der Mythologie eine Baumnymphe

10, 25      *Tunika*: im antiken Rom getragenes, ursprünglich ärmelloses Untergewand für Männer und Frauen; auch Bezeichnung für ärmelloses, vorne offenes und durch einen Gürtel befestigtes Übergewand, das über einem festlichen Kleid getragen wurde

12, 35      *Gethsemane*: Garten bei Jerusalem, Ort der Gefangennahme Jesu

13, 36      *dekolletierte Coeurdame*: die Herzdame des Kartenspiels mit einem tiefen Kleidausschnitt

## 1. Akt, 3. Szene

16, 25      *Hemdpasse*: Stoff, der über beide Schultern des Hemdes angebracht wird

16, 26      *Atlas*: arab. „glatt", Seidenstoff mit matter Unter- und glänzender Oberseite

19, 5      *Alexander*: König von Makedonien, geb. 356 v. Chr. in Pella, gest. 323 v. Chr. in Babylon

19, 6        *Aristoteles*: griechischer Philosoph (384–322), Erzieher Alexanders des Großen

19, 8        *Sokrates*: griechischer Philosoph (470–399); der Philosoph, der angeblich in einer Tonne lebt, ist Diogenes (412–323): Der Überlieferung nach erbittet er sich von Alexander, als dieser ihm einen Wunsch freistellt, dass der König ihm aus der Sonne gehen möge. Der *Eselsschatten* bezieht sich auf eine Äsopische Fabel, nach der sich mittags zwei Männer darum streiten, wer den Schatten des Esels, in dem nur für einen Platz ist, nutzen darf.

## 1. Akt, 4. Szene

20, 36       *promoviert*: in die nächste Klasse versetzt

21, 27       *Eselsbank*: Schulbank, auf der die schwächsten Schüler einer Klasse sitzen

## 1. Akt, 5. Szene

23, 1        *Dryade*: vgl. Erläuterung zu 10, 2

23, 6        *Waldmeister*: kleine würzige Waldpflanze mit schmalen Blättern und weißen Blüten

23, 6        *Maitrank*: Maibowle

## 2. Akt, 1. Szene

28, 8        *Polyphem*: einäugiger Riese in Homers *Odyssee*; er wird von Odysseus geblendet, nachdem er zuvor betrunken gemacht worden ist.

29, 6        *Aureole*: lat. „golden, schön", Heiligenschein

29, 28       *Königin ohne Kopf*: Anspielung auf das Ende des Dramas; die optimistische Erwartung von Moritz, wie sie in dem Märchen geäußert wird, erfüllt sich nicht.

| 31, 13 | *Faust*: Drama Johann Wolfgang von Goethes[19] |
| 31, 16 | *Walpurgisnacht*: Szene in Goethes *Faust* mit zahlreichen sexuellen Konnotationen; der Sage nach treffen sich in der Nacht zum 01. Mai die Hexen auf dem Blocksberg. |
| 32, 20 | *Plötz*: Nachschlagewerk zur Geschichte, erstmals 1855 erschienen |

### 2. Akt, 2. Szene

| 35, 13 | *Wacht am Rhein*: deutsches National- und Kriegslied, 1840 von Max Schneckenburger gedichtet |
| 37, 17 | *Matrosentaille*: Kleid, das der Matrosenuniform nachgebildet ist |

### 2. Akt, 3. Szene

| 37, 28 | *Desdemona*: Frau Othellos in dem gleichnamigen Drama von Shakespeare[20] |
| 37, 28 f. | *Venus von Palma Vecchio*: Bild des Renaissance-Malers Iacopo Negretti (1480–1528), genannt Palma (il) Vecchio |
| 37, 30 | *kontemplativ*: beschaulich, besinnlich |
| 37, 32 | *Schlesinger*: erfundener Name eines Kunsthändlers |
| 38, 13 | *Die Sache will 's*: Zitat aus *Othello*[21] |
| 38, 14 | *frivol*: „anzüglich", „schlüpfrig", „mit sexueller Andeutung" |
| 38, 27 | *Psyche*: griech. „Seele"; in der Kunst kleine, geflügelte Gestalt |
| 38, 27 | *Thumann*: Paul Thumann, deutscher Maler (1834–1908), seine Hauptmotive sind weibliche Gestalten |
| 38, 29 | *Angelique:* wahrscheinlich der Name des ehemaligen Kindermädchens von Hänschen |

---

19  Vgl. S. 27 f.
20  Vgl. S. 28.
21  Vgl. S. 28 und 83.

| | |
|---|---|
| 38, 30 | *Io:* in der griech. Mythologie Priesterin der Hera und Geliebte des Zeus |
| 38, 30 | *Corregio:* Antonio Allegri (1484–1534), italienischer Maler, Künstlername „Corregio", zeichnet vornehmlich sinnliche Frauenfiguren. |
| 38, 30 f. | *Galathea*: Meernymphe, Geliebte des Polyphem |
| 38, 30 f. | *Lossow*: Heinrich Lossow (1843–1897), deutscher Maler, Genrebilder, mit Vorliebe für Darstellung von Anzüglichem |
| 38, 31 | *Amor:* lat. Liebesgott, meist als geflügelter Knabe mit Pfeil und Bogen dargestellt |
| 38, 31 | *Bouguereau*: Adolphe William Bouguereau (1825–1905), französischer Maler, Genrebilder |
| 38, 32 | *Ada*: Gräfin von Holland (regierte etwa 1203–1223) *von Beers*: Jan van Beers (1852–1927), belgischer Maler, Genre-, Porträt- und Landschaftsdarstellungen |
| 38, 35 | *Leda:* Mutter der Helena, Ehefrau des spartanischen Königs Tyndareus |
| 38, 35 | *Makart*: Hans Makart (1840–1884), österreichischer Maler |
| 39, 2 | *Tartarus:* tiefster Teil der Unterwelt |
| 39, 8 | *Blaubart*: steht als Redensart für „Frauenmörder", geht zurück auf ein Märchen des Schriftstellers Charles Perrault (1628–1703), in dem ein Ritter Blaubart die Leichen seiner von ihm getöteten Frauen in einem Zimmer aufbewahrt. |
| 39, 14 | *Lurelei*: Lorelei. Bezeichnung für einen Felsen am Rhein. Nach der Ballade „Lore Lay" (1801) von Clemens von Brentano sitzt auf dem Felsen ein schönes Mädchen, das die Schiffer durch ihren Gesang unaufmerksam werden lässt und zum Kentern bringt. |

| | |
|---|---|
| 39, 14 | *Bodenhausen:* Kuno Freiherr von Bodenhausen (1852–?), Maler |
| 39, 15 | *Linger*: Friedrich Wilhelm Linger (1787–?), Kupferstecher und Radierer mit Vorliebe für Porträts |
| 39, 15f. | *Defregger:* Franz von Defregger (1835–1921), Tiroler Maler |
| 39, 18 | *Josaphat:* Tal, nach Joel 3, 7 der Ort des Jüngsten Gerichts, hier gebraucht als Metapher für den weiblichen Schoß |
| 39, 22 | *Heliogabalus:* oder „Elagabal", römischer Kaiser (218–222), stellt gegen die römische Tradition den Sonnengott Elagabal an die Spitze der Götter |
| 39, 22 f. | *Moritura me salutat:* abgewandeltes Sueton-Zitat: „Die Todgeweihte grüßt mich." |
| 39, 36 | *heilige Agnes:* römische Märtyrerin (gest. 258/259 oder 304) |

**2. Akt, 5. Szene**

| | |
|---|---|
| 41, 28 | *Quartal:* Vierteljahr |
| 42, 8 | *Frevel:* Verstoß gegen sittliche Prinzipien |

**2. Akt, 6. Szene**

| | |
|---|---|
| 43, 18 | *Pelücheteppich:* frz. „Wollsamt", langfloriger weicher Teppich |
| 44, 23 | *Fräulein Snandulia:* von Moritz erfundener Name für eine Sängerin |
| 44, 24 f. | *Cäcilienfest:* römische Märtyrerin (wahrscheinlich gest. um 230), seit dem 15. Jh. Schutzheilige der Kirchenmusik |
| 44, 32 | *Kuriosität:* Neugier |
| 45, 11 | *Syenitsockel:* körniges Tiefengestein aus Alkalifeldspat, wird als Bau- und Dekorationsstein verbaut |

| | |
|---|---|
| 45, 28 | *Etrurien:* antike Landschaft im westlichen Mittelitalien (etwa auf dem Gebiet der heutigen Toskana); Wedekinds Anspielung auf etruskischer Menschenopfer (in Notzeiten werden angeblich die im März und April Geborenen geopfert) ist ein Missverständnis: Die Tradition hat vorgesehen, dass im Frühjahr Geborene das Land nach Vollendung des 21. Lebensjahres zwecks Kolonisation verlassen. |
| 46, 1 | *Freibillet:* Freifahrschein |
| 46, 16 | *Sakerment:* Eindeutschung des Fluches „Sakrament" („Donnerwetter") |
| 46, 22 | *Priapia:* Name einer Männer- bzw. Künstlergesellschaft, spielt auf den Namen des griechischen Fruchtbarkeitsgottes Priapos an. |
| 46, 29 | *korinthischen Kapitäl:* Kapitell ist der oberste Teil einer Säule; ein korinthisches Kapitell hat blattförmige Verzierungen als charakteristisches Merkmal. |
| 46, 34 | *Diwan:* Sofa |
| 46, 36 | *Amnestie:* Begnadigung |
| 48, 2 | *Redoute:* frz. „Maskenball" (veraltet); österreichisch auch Bezeichnung für den Saal, in dem eine Tanzveranstaltung stattfindet |
| 48, 14 | *Arrangement:* frz. „Gestaltung", „Aufmachung", „Anordnung" |
| 48, 15 | *Ariadne:* in der griech. Mythologie Tochter des Königs Minos; gibt Theseus ein Wollknäuel, mit dem er wieder aus dem Labyrinth des Minotaurus herausfindet, später Ehefrau des Dionysos. |
| 48, 15 | *Leda:* vgl. 38, 35 |
| 48, 15 | *Ganymed:* in der griech. Mythologie der schöne Mundschenk des Zeus |

48, 16    *Nebuchod-Nosor:* Chaldäerkönig Nebukadnezar II.
          (605–562), zerstörte 568 Jerusalem; nach einer
          Weissagung im alttestamentlichen Buch Daniel
          verliert er sein sein Königreich und muss sich wie
          Vieh von Gras ernähren.

48, 19    *Spitzkugeln:* kegelförmige Geschosse

48, 34    *Absinth:* im 19. Jh. beliebter Likör oder Brannt-
          wein aus Wermut mit Anis- oder Fenchelzusatz,
          wegen anderer gesundheitsgefährdender Ingredi-
          enzien heute verboten.

49, 4     *Fiaker:* österreichische Bezeichnung für Miet-
          kutsche

49, 19    *Sassaniden:* persische Herrscherdynastie (3. –7. Jh.)

49, 20    *Parallelepipedon:* ein von drei Paaren paralleler
          Ebenen begrenzter Raum, z. B. Würfel

49, 35    *Glace-Handschuhe:* Handschuhe aus feinem glän-
          zenden Ziegen- oder Lammleder

50, 13    *Königskerze:* Blume mit meist gelben, in großen
          Trauben stehenden Blüten

### 3. Akt, 1. Szene

51, 3 f.  *Pestalozzi:* Johann Heinrich Pestalozzi (1746–1827),
          schweizerischer Schriftsteller, Pädagoge; Vertreter
          fortschrittlicher Erziehungsideen

51, 3 f.  *Rousseau:* Jean-Jacques Rousseau (1712–1778), frz.
          Schriftsteller, Philosoph, Pädagoge; Vertreter fort-
          schrittlicher Erziehungsideen

53, 1     *Relegation:* Schulverweis

53, 9     *suspendiert:* lat. „aufgehoben", „des Amtes entho-
          ben"

53, 31    *ventiliert:* lat. „gelüftet"

| | |
|---|---|
| 56, 14 | *aggluttierenden Volapük:* Agglutinierende Sprachen sind solche Sprachen, die z. B. bei der Konjugation und Deklination die entsprechenden Suffixe an den unveränderten Wortstamm anhängen. „Volapük" ist eine künstliche Weltsprache, die von Johann Martin Schleyer (1831–1912) entwickelt und 1880 publiziert worden ist. |

### 3. Akt, 2. Szene

| | |
|---|---|
| 58, 18 f. | *Herzklappenaffektion:* Herzklappenfehler, durch den die den Blutkreislauf steuernden Herzklappen ihre Funktionsfähigkeit verringern oder einbüßen |
| 59, 29 | *Disposition:* lat. „Einteilung", „Gliederung" |
| 59, 30 | *Demokrit*: griech. Philosoph (470/60– ca. 380), lehrt, dass das Atom die kleinste unteilbare Einheit ist. |
| 59, 34 | Vergil: Publius Vergilius Maro, römischer Dichter (70–19) |

### 3. Akt, 3. Szene

| | |
|---|---|
| 62, 26 | *exzeptionelle Korruption:* lat. „außergewöhnliche Zerrüttung" auch „Bestechlichkeit" |

### 3. Akt, 4. Szene

| | |
|---|---|
| 66, 6 | *Rekreation:* lat. „Erholung" |
| 66, 13 f. | *Judas Schnur Thamar*: Thamar, die Schwiegertochter („schnur") Judas, soll nach dem Tod ihres Mannes Onan heiraten, der sich aber weigert, ein Kind mit ihr zu zeugen. Er lässt den Samen „auf die Erde fallen" (Gen. 38,9), wofür er von Gott mit dem Tode bestraft wird. Thamar verkleidet sich als Hure und zeugt mit Juda ein Kind, nachdem |

sie Juda nicht – wie es üblich gewesen wäre – seinem dritten Sohn zur Frau gegeben hat (Gen 38).

66, 14    *Moab:* Stammvater der Moabiter, Sohn aus der inzestuösen Verbindung zwischen Lot und seiner ältesten Tochter (Gen 19, 37)

66, 14    *Loth:* Lot beschützt die beiden Engel, die zu ihm nach Sodom gekommen sind, vor Vergewaltigung durch die Männer der Stadt; auf der Flucht dreht sich Lots Frau um und wird zur Salzsäule; die Töchter Lots zeugen, im Glauben, sie seien die letzten Überlebenden, mit ihrem Vater Nachkommen (Gen 19).

66, 15    *Königin Basti:* pers. Königin Vasthi, die sich weigert, ihre Schönheit auf Befehl zur Schau zu stellen. Sie wird daraufhin von ihrem Ehemann Xerxes verstoßen, Esther wird an ihrer Stelle Königin (Esther 1 + 2).

66, 15    *Abisag von Sunem:* Pflegerin Davids, die bei ihm schläft, um ihn zu wärmen, mit der er aber keinen Geschlechtsverkehr hat (1. Kön. 1).

66, 16    *Physiognomie:* Gesichtsausdruck

66, 22    *summa cum laude:* lat. „mit höchstem Lob"

66, 36    *kolportiere:* frz. „hausieren", Nachrichten verbreiten

67, 10 f.    *kataleptischer Anfall:* griech. „Starrsucht", muskulärer Spannungszustand

67, 15    *Großinquisitor:* Leiter der kirchlichen Behörde, die Ketzer aufzuspüren, zu verurteilen und hinzurichten hat; hier übertragen als „harter Vertreter einer ungerechten Ordnung"

### 3. Akt, 5. Szene

67, 33    *Blaud'sche Pillen:* Tabletten gegen Blutarmut von Paul Blaud (1774–1858)

68, 3    *Lebertran:* vitaminreiches (Vitamine A, D und E) Öl, das aus der Leber von Dorsch oder Schellfisch gewonnen wird; dient als Wundbehandlungsmittel und als Stärkungsmittel.

68, 3    *Stahlwein:* Mittel zur Bekämpfung der Blutarmut, hergestellt durch Lösung von Eisenextrakten in Wein

68, 12    *dispensieren:* lat. „befreien", „beurlauben"

68, 24    *Himmelsschlüssel:* Blumenart der Gattung Primel

70, 2    *Bleichsucht:* Blutarmut

70, 6    *Wassersucht:* Ansammlung von wasserähnlichen Flüssigkeiten im Körper

### 3. Akt, 6. Szene

72, 4    *Ranke:* Zweig eines Rebstocks

72, 10    *Firmament:* lat. „Himmel"

72, 24    *türkische Draperien:* frz. „faltenreiche Vorhänge", wie sie in Bordellen üblich waren

72, 25    *Pathos:* griech. „Leidenschaftlichkeit"

72, 29 f.    *Milchsette*: Milchnapf

### 3. Akt, 7. Szene

77, 17    *Lazzaroni:* neapolitanische Gelegenheitsarbeiter, als Hilfstruppen gegen die sich vornehmlich aus Adel und Bürgertum rekrutierenden Revolutionäre, die gegen die bourbonische Herrschaft kämpfen

78, 28    *Humbug:* „Unsinn", „Schwindel"

78, 32    *Windbeuteleien:* „Lügen"

| | |
|---|---|
| 79, 19 | *Abortivmittel:* Mittel zur Austreibung der Leibesfrucht |
| 79, 33 | *Scharlatan:* „Aufschneider", „Betrüger" |
| 80, 4 | *bramarbasiert:* „prahlen", „angeben" |
| 80, 5 | *traktieren:* „behandeln", „bewirten" |
| 81, 36 | *enervierend*: frz. „entnervend" |

## 2.6 Stil und Sprache

| | |
|---|---|
| **Dramenform** | „Kindertragödie" formal mit Elementen des offenen und geschlossenen Dramas; inhaltlich als Tragikomödie zu bezeichnen[22] |
| **Sprache** | Verzicht auf poetische Kunstsprache, Verwendung von Alltagssprache |
| **Indirekte Charakterisierung durch Sprachverhalten** | Die Einstellung der Erwachsenen wird durch die Sprache demaskiert: Die Hilflosigkeit der Frau Bergmann zeigt sich in ihrem zerstückelten Satzbau, unpersönlichen Ausdrucksweisen („man"), infantilen Ausdrücken („Storch"), in Gedankenstrichen und in den Widersprüchen, in die sie sich verwickelt (vgl. II, 2). Die gleiche |

---

22 Vgl. S. 44–46.

Technik wird auch bei den Lehrern, dem Pastor und den Eltern Melchiors verwendet. Die Jugendlichen werden in ihrem Sprachverhalten ernst genommen. „Wedekind gibt wohl die Erwachsenen, nicht jedoch die Jugendlichen der Lächerlichkeit preis."[23]

| **Parodie/Zitate** | Erzeugung von Komik durch parodistische Distanz zwischen Zitat und Kontext: In *Othello*, V, 2 nähert sich der Titelheld seiner schlafenden Frau mit den Worten „Hast du zur Nacht gebetet, Desdemona?", um sie umzubringen. Hänschen vernichtet das Bild der Venus von Palma Vecchio, indem er es das Klo hinunterspült; „Die Sache will's!" (38, 13); diesen Satz verwendet Othello, um mit dem Verhalten der ehebrüchigen Frau den Mord zu begründen; bei Wedekind ist es eine Anspielung auf das extensive Onanieren, auf das Hänschen mit einem weiteren Zitat anspielt: „Lasst sie mich euch nicht nennen, keusche Sterne!" (40, 6 f.) |
| --- | --- |

---

23 Spittler, S. 45

| | |
|---|---|
| **Sprechende Namen** | *Sonnenstich, Affenschmalz, Knüppeldick, Hungertod, Knochenbruch, Zungenschlag, Fliegentod*<br>Erzeugung von Komik (vgl. III, 1) |
| **Groteske/Satire:** | Verfremdung der Realität durch Übertreibung und Verzerrung, z. B. in der Darstellung der Lehrerkonferenz in III, 1: Kontrastwirkung zwischen konservativem Lehrerverhalten und dem Hinweis auf Bilder, die im Konferenzraum hängen und die die Porträts zweier Reformpädagogen, *Rousseau* und *Pestalozzi* (51, 3 f.), zeigen; z. B. die satirische Entlarvung von Inkompetenz: medizinisches Unvermögen von Dr. Brausepulver in III, 5, der Bleichsucht nicht von einer Schwangerschaft unterscheiden kann; z. B. Moritz mit dem Kopf unterm Arm (vgl. III, 7). |
| **Wiederholung** | Erzeugung von Komik, z. B.: „Habebald! / Befehlen Herr Rektor (53, 21 f.; und öfter) |
| **Monolog** | z. B. in III, 4: innerer Monolog Melchiors („Bewusstseinsstrom") und in II, 5 (Brief Frau Gabors an Moritz) als Darlegung der inneren Befindlichkeit |

| | |
|---|---|
| **Anspielungen** | z. B. *„Himmelsschlüssel"* (68, 24): Todesgedanken Wendlas; Märchen von der „Königin ohne Kopf" (29, 27 ff.): Vorausdeutung auf das Ende von Moritz |
| **Prosa** | Diskussion der Gabors über die Einlieferung Melchiors (III, 3) |
| **Kontrast** | z. B. in III, 6: Ernst will biedermeierliches Leben als Landpfarrer, Hänschen träumt vom Bordell. |

## 2.7 Interpretationsansätze

| Kurzbezeichnung der Interpretationsrichtung | Kurzbeschreibung typischer Aussagen der jeweiligen Interpretationsrichtung |
| --- | --- |
| pädagogisch/ gesellschaftskritisch | Wedekind kritisiert die lebens-feindlichen bürgerlichen Moral-vorstellungen, wie sie sich in den patriarchalisch-autoritären Struk-turen von Familie und Schule of-fenbaren.[24] |
| psychologisch | Wedekind bedient sich des „Wie-dergänger"-Motivs[25], um innersee-lische Vorgänge Melchiors zu ver-deutlichen: In der Schlussszene werden Moritz und der ver-mummte Herr als Personifikatio-nen des Todes- bzw. des Lebens-triebs verstanden; Melchior erwägt die Möglichkeit des Selbstmord, sein Lebenswille siegt jedoch.[26] |
| philosophisch/poetologisch | Die Gattungsbezeichnung „Kinder-tragödie" zeigt die Gegnerschaft von Kindlich-Natürlichem und der bürgerlichen Moral.[27] Der proklamierte natürliche Lebens-wille ist ein Element des Jugend-stil-Programms.[28] |

24  Vgl. z. B. Bertschinger, S. 59, Hahn, S. 18; Rothe, *Frühlings Erwachen*, S. 18.
25  Dieses Motiv hat eine lange literarische Tradition, die bis zur *Antigone* des Sophokles zurück-reicht, in der der Glaube, dass Tote, die nicht den rituellen Regeln entsprechend bestattet worden sind, keine Ruhe finden, vorgeprägt ist.
26  Vgl. Spittler, S. 40 f.
27  Vgl. Jacobsohn, S. 35.
28  Vgl. Rothe, *Frank Wedekinds Dramen*, S. 12.

# 3. Themen und Aufgaben

Die in *Frühlings Erwachen* thematisierten Problemfelder betreffen poetologische Aspekt, das Erziehungswesen in Familie und in der Schule und die Sexualität. Aus diesen Problemfeldern erwachsen folgende mögliche Aufgabenstellungen. Die mit * gekennzeichnete Themen sind vornehmlich für die Sekundarstufe II geeignet.

1) **Thema: Poetologie, Erziehungswesen, Sexualität (je nach Schwerpunktwahl)***
Karl Guthke beschreibt die Auswirkungen der Welt der Erwachsenen in *Frühlings Erwachen*: „Solche *komischen* Personen also bilden eine Welt, die der Jugend zum *tragischen* Verhängnis werden muss."[29]

Textgrundlage: *Frühlings Erwachen*

Lösungshilfe s. S. 44–51

▶ Weisen Sie die These Guthkes nach und nehmen Sie Stellung dazu.

2) **Thema: Erziehungswesen, Sexualität***
Kurt Herbst kritisiert in seinem Buch *Gedanken über Frank Wedekinds „Frühlings Erwachen"*, dass man nicht ein einziges Mal erfahre, wie irregeleitete Kinder zu bessern wären, wie sexuelle Aufklärung also stattzufinden habe.

Textgrundlage: *Frühlings Erwachen*
Lösungshilfe s. S. 52–63

▶ Nehmen Sie Stellung zu dieser Kritik.

---

29 Guthke, S. 330.

### 3) Thema: Aktualität

In seiner Besprechung der Wiesbadener Aufführung 1998 bezweifelt Martin Krumholz, dass das Stück heute noch aktuell ist.[30] Die Rezension eines Lesers/einer Leserin bei *Amazon.de* bricht dagegen eine Lanze für die ungebrochene Aktualität.[31]

Textgrundlage: *Frühlings Erwachen* Lösungshilfe s. S. 47 f.

▶ Ist die Thematik heute noch aktuell? Nimm Stellung!

### 4) Thema: Inhalt, Sexualität

▶ Erarbeite die Beziehung zwischen Wendla und Melchior.

▶ Stelle dabei auch kurz den Inhalt des Dramas und seine Intention dar.

Textgrundlage: *Frühlings Erwachen*, z. B. I, 3, 5; II, 4; III, 7 Lösungshilfe s. S. 29–44

### 5) Thema: Gattung*

▶ Ist *Frühlings Erwachen* ein komisches oder ein tragisches Stück? Belegen Sie Ihre Ausführungen am Text.

Textgrundlage: *Frühlings Erwachen* Lösungshilfe s. S. 44–46

### 6) Thema: Erziehungswesen, Sexualität

▶ Ordne die Szene in den Kontext des Dramas ein.

▶ Charakterisiere ausgehend von dieser Szene die Figur des Moritz.

Textgrundlage: *Frühlings Erwachen*, II, 7 Lösungshilfe s. S. 36 f. und 52–54

---

30  Vgl. Materialienteil, S. 108.
31  Vgl. Materialienteil, S. 109.

▶ Was will Wedekind mit der Figur des Moritz kritisieren?

**7) Thema: Erziehung, Sexualität**
▶ Untersuche, welches Verhältnis jeweils Wendla, Moritz, Melchior und Martha zu ihren Eltern haben.

Textgrundlage:
*Frühlings Erwachen*

Lösungshilfe
s. S. 52–63

**8) Thema: Erziehung**
▶ Erarbeite, was Stefan Zweig über die Schule im 19. Jahrhundert schreibt.
▶ Vergleiche diese Darstellung mit Wedekinds Darstellung in *Frühlings Erwachen*.

Textgrundlagen:
*Frühlings Erwachen*
Zweig, *Die Welt von Gestern*[32]

Lösungshilfe
s. S. 47 f. und
52–70

**9) Thema: Sexualität**
▶ Untersuche, wie die Figuren über Sexualität sprechen.
▶ Vergleiche deine Ergebnisse mit dem, was Stefan Zweig über den Umgang mit Sexualität im 19. Jh. schreibt.

Textgrundlagen:
*Frühlings Erwachen*
Zweig, *Die Welt von Gestern*[33]

Lösungshilfe
s. S. 47 f. und
52–70

---

32  Vgl. Materialienteil, S. 99 f.
33  Vgl. Materialienteil, S. 100.

# 4. Rezeptionsgeschichte

Rezeption durch die Familie
Im Falle von *Frühlings Erwachen* kennt man die Reaktion der Mutter Wedekinds recht genau. Tilly Wedekind (1886–1970), die Witwe des Autors, erzählt in ihren Memoiren, dass die Mutter das Werk des Sohnes als einen regelrechten Schock erlebt hat:

> *"Seine Mutter sagte von ‚Frühlings Erwachen', ihr wäre danach zumute gewesen, als sei ein Eisenbahnzug über sie hinweggefahren, und sie konnte sich mit der ‚Schande', dass es aufgeführt wurde, nie so recht abfinden. [...] Eigentlich hat Frank, verärgert und angeregt durch Hauptmanns ‚Friedensfest', bald darauf ‚Frühlings Erwachen' geschrieben, worin er nun selbst seine Eltern darstellte und gleichfalls, wie vorher Hauptmann, tatsächlich stattgefundene Gespräche verwendet hat. Und das eben fand seine Mutter schrecklich."*[34]

Verbreitung
Die erste Auflage von *Frühlings Erwachen* wird von Wedekind selbst finanziert; da der Verlag geringe Anstrengungen für die Vermarktung unternimmt, ist auch der finanzieller Erfolg anfangs bescheiden. Erst 1903 kommt es zu einer dritten Auflage, im Jahre 1908 aber ist bereits die 22. Auflage fällig. Der literarische Erfolg des Dramas macht seinen Verfasser über die Grenzen Europas hinaus schnell bekannt; bis 1920 erscheinen Übersetzungen in französischer, englischer, dänischer, japanischer und russischer Sprache.

Rezeption auf der Bühne
Die Aufführungsgeschichte von *Frühlings Erwachen* ist natürlicherweise von den Einflüssen der jeweils vorherrschenden politischen

34  Tilly Wedekind, S. 91 und S. 94.

und dramaturgischen Bedingungen geprägt.[35] Bemerkenswert ist, dass man sich erst 1906 an eine Aufführung wagt: 15 Jahre nach Erscheinen inszeniert Max Reinhardt unter harten Zensurauflagen das Drama in Berlin. Die erste unzensierte Aufführung wird 1924 in Dresden gegeben. Leopold Jessner, einer der Kritiker der Uraufführung, bemängelt die Schwermut, die die Aufführung transportiere. Der groteske Humor werde nicht herausgearbeitet. Dies ist eine Kritik, die auch Wedekind selbst formuliert hat.

Melancholie tritt in der Gründgens-Inszenierung von 1926 noch vor den Humor, während Karlheinz Martin sich 1929 an der Berliner Volksbühne bereits an einer Aktualisierung des Stoffes versucht: Er verlegt den Spielraum des Dramas in die Wirklichkeit von 1929; dort ist z. B. nicht mehr von einem Heuboden, sondern von einem Speicher eines Berliner Mietshauses die Rede. Seine Inszenierung hat Tempo und trifft auf große Publikumsresonanz.

1948 führt Gustav Gründgens in einer Inszenierung Regie, die sich dem Stile des Epischen Theaters anpasst: Ein Schauspieler sagt auf der Bühne die einzelnen Szenen an. Auch Peter Zadeks Inszenierung von 1965 will den Stoff aktualisieren, so ist z. B. der Zuschauerraum während der Aufführung erleuchtet, um auf die Zusammengehörigkeit von „realer" Wirklichkeit und gespielter Wirklichkeit hinzuweisen.

**Gründgens**

**Zadek**

Paul Goldmann findet das Stück in dramaturgischer Hinsicht „völlig unzureichend", da es aus einer Reihe unzusammenhängender Szenen bestehe, die noch nicht einmal

**Rezeption: die Schwächen des Dramas**

---

35  Vgl. Wagener, S. 102–137

dramatisch gebaut seien, d.h. ein überzeugendes dramatisches Ereignis enthalten. Außerdem sei Wedekinds Darstellung der Kinder „(...) nicht nur abstoßend, sie ist auch unwahr"[36], da die dargestellte sexuelle Perversion auch unter Kindern eine Abnormität sei. Richard Elsner (1883–1960) erkennt Widersprüche: Das Stück enthalte als Lehre, dass aufgeklärte Kinder vor Fehltritten geschützt seien; ein sicher aufgeklärter Hänschen Rilow aber sei wohl kein Vorbild für tugendhaftes Leben.

Kurt Herbst kritisiert, dass das Drama keinen Ansatz zur Problemlösung enthalte, wie die sexuelle Aufklärung sich sinnvollerweise vollziehen müsste. Dieser Kritik folgt in neuerer Zeit wieder Thomas Bertschinger (geb. 1934):

> „Wedekind verkürzt alle Probleme auf seine fixe Idee. Wenn er glaubt, dass das Sexualproblem der pubertierenden Jugend allein durch Aufklärung und Anerkennung der Sexualität zu lösen sei, so täuscht er sich. Nur dort, wo sich Kinder in einem gesunden Milieu befinden, wo Liebe, Vertrauen, Bindung ist, wird Aufklärung zu einer Hilfe. (...) Er sieht nicht, dass die Pubertät nicht nur erwachende Sexualität ist, sondern auch erwachendes Ich-Bewusstsein, Reifen der verantwortlichen Person, dass es sich nicht nur um ein Triebproblem handelt, sondern auch wesentlich um ein geistiges. Es geht nicht darum, zu lösen, sondern auch zu binden. Wie dies in der Schule möglich ist, beantwortet Wedekind nicht."[37]

Friedrich Rothe bemängelt die Inkonsequenz Wedekinds, der zunächst die lebensfeindlichen Mängel der bürgerlichen Moral darstellt, die Gesellschaft dann aber durch einen vermummten Herrn als „deus ex machina" wieder in Schutz nimmt und damit seinen Angriff grundlos entschärft.[38]

---

36  Goldmann, S. 117.
37  Bertschinger, S. 59.
38  Vgl. Rothe, *Frühlings Erwachen*, S. 40.

Der berühmte Theater-Kritiker Alfred Kerr ist begeistert, nachdem er die Inszenierung von Reinhardt gesehen hat:

*„Wundervoll, wie in die Mannesregungen dieser Buben das Geistige verflochten ist; Fragen, die kein Achtziger mit besserer Klugheit stellen kann."*[39]

Siegfried Jacobsohn (1881–1926) akzentuiert als

*„(...) Besonderheit dieser grausamen Tragödie, dass Kinder, ohne Verschulden ihrer Seele, ohne pathetische Leidenschaften, ohne Herzenskonflikte, einzig durch ihr Da-Sein, ihr Werden, ihre körperliche Entwicklung um Glück und Leben kommen."*[40]

Julius Kapp (1883–1962) kritisiert die groteske Lehrerkarikatur und ist der Meinung, dass eine maßvolle Karikatur von Vorteil gewesen wäre. Insgesamt lobt er Inhalt des Dramas und Motive des Verfassers.

Julius Bab (1880–1955) hält es für die wichtigste Dichtung Wedekinds, ein „Befreiungskampf der Instinkte gegen die Fesseln von bürgerlicher Moral".[41] Die Ähnlichkeiten zwischen Büchners *Woyzeck*-Fragment und Wedekinds *Frühlings Erwachen* hebt Paul Fechter (1880–1958) hervor. Er sieht im unterbewusst Drängenden und in der dumpfen Ziellosigkeit die gemeinsame Themen und bringt den Konflikt zwischen bürgerlichen Moralvorstellungen und erwachender Sexualität in Wedekinds Drama auf den Punkt: „Die Natur rennt sich an toter Sitte den Schädel ein."[42] Bernd Diebold (1886–1945) hebt den humanen Anspruch der Dichtung hervor, der gegen inhumane Moral und Pädagogik zu Felde zieht. Für Artur Kutscher

39  Kerr, S. 238.
40  Jacobsohn, S. 35.
41  Bab, S. 206.
42  Fechter, S. 43.

(1878–1960) geht es nicht darum, pädagogische Konzepte im Kunstwerk zu diskutieren – das Thema der Pubertät werde im Drama nur für die künstlerische Gestaltung fruchtbar gemacht –, sondern vielmehr dazu aufzurufen, der Natur ihr Recht zuzugestehen, das Bewusstsein für die Liebe zum Leben zu wecken. Der Schriftsteller Lion Feuchtwanger (1884–1958) hebt den Mut Wedekinds hervor, ein Thema anzupacken, das vor ihm niemand zu behandeln gewagt habe. Das Stück schließe mit einer parabelhaften Szene, die die Moral gestalte:

> *„Diese Szene ist die ideale Erfüllung des Lehrstücks. Die uralte, primitive Lehre, dass auch das kümmerlichste Leben besser ist als der Tod, wird verkündet auf völlig neue Art, in den Klängen einer hellen, schneidenden, zynisch großartigen Symphonie. In ihr, mit ihr wird der junge Geschlagene, Unglückliche dem Leben wiedergewonnen und der Tote in sein Grab zurückgescheucht, wo er sich an der Verwesung wärmen mag."[43]*

Die stilistischen Unterschiede zu Hauptmann betont Jörg Jesch (geb. 1933) und legt den Finger damit auf den ästhetischen Wert des Dramas.[44]

neuere Interpretationen

In neueren Interpretationen stehen nicht mehr pädagogische, sondern ästhetische Momente im Mittelpunkt: Guthke definiert das Drama als Tragikomödie, während Michelsen auf das Stimmungshafte der Situationen, auf das Angebot der Einfühlung – die Personen werden als natürliche Menschen nahegebracht – aufmerksam macht.

Friedrich Rothe beschäftigt sich mit der Gattung der Kindertragödie, für deren Bestimmung *Frühlings Erwachen* maßgebend sei. In der Kindertragödie lasse sich die Gegnerschaft von Kindlich-Natürlichem und der Lebensfeindlichkeit der ge-

---

43 Feuchtwanger, S. 17.
44 Vgl. Materialienteil, S. 107.

sellschaftlichen Moral aufs Genaueste studieren. In der Kindertragödie findet Rothe das Programm des Jugendstils wieder:

> *„Die beiden widerstreitenden Motive der Kindertragödie, die Evokation von naturhaftem Leben und die Verklärung des Unfruchtbaren, vereint lebensphilosophische Dialektik; sie sind Momente im ästhetischen Programm des Jugendstils, das Lebenserneuerung durch eine neue Kunst verkündet. ‚Leben', der ‚Wille zum Leben', soll als Frühlingserwachen, Jugend oder Erdgeist die Konflikte im Drama, das Leiden einzelner, aufheben und als machtvolle Einheit erkannt werden."*[45]

Die Verbindung von Form und Inhalt beschäftigt auch Manfred Hahn (geb. 1938), das Tragische erkennt er in der im Drama parabelhaft vorgezeichneten Niederlage großer Ideale angesichts eines lebensfeindlichen gesellschaftlichen Umfelds und in der Illusion, wie der Mensch sich dennoch im Leben behaupten kann:

> *„Das Tragische in ‚Frühlings Erwachen' ist vielschichtiger: das Stück fasst die Tragik bürgerlicher Jugend, den immer erneuten Untergang ursprünglicher Ideale an die Wirklichkeit, aber auch, als Groteske geformt, die Tragik bürgerlicher Existenz schlechthin, als Leben nach menschenfeindlichen Normen; den Untergrund des Dramas aber bildet, wie heute erkennbar, die tragische, aber lebensnotwendige Illusion Wedekinds, wie dieses Leben zu überstehen sei.*
> *Von Wedekinds Lebensauffassung aus ist der Zugang zu diesem Schriftsteller und zu diesem Werk mit seinen immer wiederkehrenden Themen, Motiven, Szenen und Figuren zu gewinnen. Wedekind war keine fraglos vitale Kraftnatur, er war ein Kämpfer aus genauer Überlegung, aus Einsicht in die Verhält-*

---

45 Rothe, *Frank Wedekinds Dramen*, S. 12.

*nisse. War das Leben Kampf, so wollte er mit vollen Einsatz kämpfen, nur so war Menschenwürde zu behaupten.*"[46]

In neueren Inszenierungen wird die Frage nach der Aktualität des Problemgehalts laut; so bezweifelt Martin Krumbholz in seiner Besprechung der Wiesbadener Aufführung 1998, dass das Stück mit seiner Kritik an bürgerlicher Prüderie in der heutigen Informationsgesellschaft noch überzeugen kann.[47]

---

46  Hahn, S. 18.
47  Vgl. Materialienteil, S. 108.

# 5. Materialien

**1) Die Aufhebung des Aufführungsverbotes von *Frühlings Erwachen* wird vom Preußischen Oberverwaltungsgericht in Berlin im Jahre 1912 folgendermaßen begründet:**

*Der Inhalt des Stücks lässt sich dahin zusammenfassen: es wird dargestellt, wie auf junge, in dem Alter der beginnenden Geschlechtsreife stehende naive Personen die realen Mächte des Daseins einwirken; vornehmlich ihr eigener,*
5 *erwachender Geschlechtssinn und die Anforderungen des Lebens, insbesondere der Schule. Sie erliegen in dem sich entwickelnden Kampfe vor allem deshalb, weil ihre berufenen Leiter, die Eltern und Lehrer, nach Auffassung des Dichters in weltfremdem Unverstand und aus Prüderie es*
10 *unterlassen, sie zu belehren und ihnen verständnisvoll helfend die Wege zu weisen. (...) So aufgefasst, lässt sich dem Stück im ganzen nach seiner Tendenz und seinem Inhalt der Charakter eines ernsten Stückes nicht absprechen; es behandelt ernste, vielfach im Vordergrunde des Interesses*
15 *stehende Erziehungsprobleme und sucht zu diesen Stellung zu nehmen. Es ist nicht erkennbar, dass da, wo sittenwidrige Handlungen dargestellt werden, dies geschieht, um sie als etwas Erlaubtes oder Nachahmenswertes hinzustellen, oder gar um die Lüsternheit der Zuschauer anzuregen oder*
20 *zu befriedigen. Das Theaterpublikum wird sich dem rein menschlichen Mitgefühl für das tragische Geschick der Hauptpersonen und dem Interesse für den Gang der Handlung und die darin behandelten Probleme nicht entziehen können. Jedenfalls ist nicht abzusehen, inwiefern die Zuhö-*
25 *rer daraus eine Anregung zu eigenem sitten- oder polizeiwidrigem Verhalten empfangen sollten.*
*(Werke in drei Bänden, Bd. 3, S. 339 f.)*

**2) Hans-Ulrich Wehler betrachtet die autoritäre Familienstruktur im 19. Jahrhundert im Kontext einer Gesellschaft mit autoritären Leitbildern.**

*Im Hinblick auf die primäre Sozialisation in der Kleinfamilie wird öfters die Auffassung vertreten, es gebe eine gleichsam lineare Beziehung zwischen autoritärer Familie und autoritärer Politik. Ob „eine paternalistische Familienverfassung zum Aufbau autoritärer Verhaltensbilder führt, die ihrerseits autoritäre politische Verfassung begründen", ist aber noch eine offene Frage. Der Vergleich stützt diese Ansicht jedenfalls kaum: Der Spätpuritaner in Massachusetts, der viktorianische Engländer, der republikanische Franzose wurde von der wilhelminischen Vaterfigur schwerlich an Härte übertroffen. Eine autoritäre Familienstruktur scheint sich mit sehr unterschiedlichen „politischen Kulturen" vereinbaren zu lassen. Allein kann sie autoritäre Politik auf gesamtgesellschaftlicher Ebene kaum „begründen". Ist sie jedoch in eine Gesellschaft mit generellen autoritären Leitbildern und Verhaltensweisen eingebettet, dürfte sie als eine Art Multiplikator wirken; dann gibt es tatsächlich eine Linie von einem anthropomorphen Gottvater über den fürstlichen Landesvater und paternalistischen Unternehmer bis zum Familienvater. Ein „Verstärker" für vorhandene historische Tendenzen so wird man die Folgen dieser Familienordnung im kaiserlichen Deutschland am plausibelsten bestimmen können, ohne sie monokausal für zuviel haftbar zu machen.*
(Wehler, S.123 f.)

**3) Ein markantes Bild der Schule im 19. Jahrhundert zeichnet Stefan Zweig in seiner Autobiografie *Die Welt von gestern*, das sich – obgleich im Hinblick auf die Wiener Gesellschaft geschrieben – auch auf Deutschland bzw. die Schweiz übertragen lässt.**

Die Schule im vorigen Jahrhundert

*(...) Dieser Weg bis zur Universität war nun ziemlich lang und keineswegs rosig. Fünf Jahre Volksschule und acht Jahre Gymnasium mussten auf hölzerner Bank durchgesessen werden, täglich fünf bis sechs Stunden, und in der*
5 *freien Zeit die Schulaufgaben bewältigt und überdies noch, was die ‚allgemeine Bildung‘ forderte neben der Schule, Französisch, Englisch, Italienisch, die ‚lebendigen‘ Sprachen neben den klassischen Griechisch und Latein, also fünf Sprachen zu Geometrie und Physik und den übrigen*
10 *Schulgegenständen. Es war mehr als zuviel und ließ für körperliche Entwicklung, für Sport und Spaziergänge fast keinen Raum und vor allem nicht für Frohsinn und Vergnügen. Dunkel erinnere ich mich, dass wir als Siebenjährige irgendein Lied von der ‚fröhlichen, seligen Kinderzeit‘*
15 *auswendig lernen und im Chor singen mussten. Ich habe die Melodie dieses einfach einfältigen Liedchens noch im Ohr, aber sein Text ist mir schon damals schwer über die Lippen gegangen und noch weniger als Überzeugung ins Herz gedrungen. Denn meine ganze Schulzeit war, wenn*
20 *ich ehrlich sein soll, nichts als ein ständiger gelangweilter Überdruss, von Jahr zu Jahr gesteigert durch die Ungeduld, dieser Tretmühle zu entkommen. (...)*
*Gerade aber diese menschliche Lieblosigkeit, diese nüchterne Unpersönlichkeit und das Kasernenhafte des Um-*
25 *gangs war es, was uns unbewusst erbitterte. Wir hatten*

30 unser Pensum zu lernen und wurden geprüft, was wir gelernt hatten; kein Lehrer fragte ein einziges Mal in acht Jahren, was wir persönlich zu lernen begehrten, und just jener fördernde Anschwung, nach dem jeder junge Mensch sich doch heimlich sehnt, blieb vollkommen aus. (...)
(*Die Welt von gestern*, S. 45-47)

**4) Im Kapitel *Eros Matutinus* seiner Autobiografie *Die Welt von gestern* beschreibt Stefan Zweig den repressiven Umgang der bürgerlichen Gesellschaft des 19. Jahrhunderts mit der jugendlichen Sexualität.**

Unser Jahrhundert dagegen, als eine tolerante, längst nicht mehr teufelsgläubige und kaum mehr gottgläubige Epoche brachte nicht mehr den Mut auf zu einem solchen radikalen Anathema, aber es empfand die Sexualität als ein anar-
5 chisches und darum störendes Element, das sich nicht in ihre Ethik eingliedern ließ und das man nicht am lichten Tage schalten lassen dürfe, weil jede Form einer freien, einer außerehelichen Liebe dem bürgerlichen „Anstand" widersprach. In diesem Zwiespalt erfand nun jene Zeit ein
10 sonderbares Kompromiss. Sie beschränkte ihre Moral darauf, dem jungen Menschen zwar nicht zu verbieten, seine vita sexualis auszuüben, aber sie forderte, dass er diese peinliche Angelegenheit in irgendeiner unauffälligen Weise erledigte. War die Sexualität schon nicht aus der Welt zu
15 schaffen, so sollte sie wenigstens innerhalb ihrer Welt der Sitte nicht sichtbar sein. Es wurde also die stillschweigende Vereinbarung getroffen, den ganzen ärgerlichen Komplex weder in der Schule, noch in der Familie, noch in der Öffentlichkeit zu erörtern und alles zu unterdrücken, was
20 an sein Vorhandensein erinnern könnte. (...)
(*Die Welt von gestern*, S.87 f.)

**5)** Das Thema „Sexualität", das in *Frühlings Erwachen* zum Ausdruck der Kritik an der herrschenden, als menschenfeindlich erachteten bürgerlichen Moral steht, lässt sich in zahlreichen anderen Werken Wedekinds auffinden. Zwei Beispiele von vielen sind die in der Sammlung *Die vier Jahreszeiten* im Jahre 1905 erschienenen Gedicht *Francisca* und *Elka*:

*Francisca* (1905)

Francisca, mein reizender Falter,
Hätt'st du nicht zu eng für dein Alter
Den keimenden Busen geschnürt,
Dann klafften wohl nicht die Gewänder,
5    Sobald ich nur eben die Bänder
Mit harmlosem Finger berührt.

Nun wehr auch nicht meinem Entzücken,
Als Erster die Küsse zu pflücken
Der zarten, jungfräulichen Haut.
10   Mich blendet die schneeige Weiße,
Solang ich das Fleisch nicht, das heiße,
Mit bebenden Lippen betaut.

Denn gleich wie die Knospe der Blume
Nichts ahnt von der Pracht und dem Ruhme
15   Der Rose am üppigen Strauch,
So seh ich bescheiden erst schwellen
Die keuschen, die kindlichen Wellen,
Umweht von berauschendem Hauch.

Oh! glaub mir, die Monde entfliehen,
5   Die Rosen verwelken, verblühen
Und fallen dem Winter zum Raub.
Es kommen und gehen die Jahre,
Man legt deinen Leib auf die Bahre
Und alles wird Moder und Staub.
(*Werke II*, S. 407)


*An Elka* (1905)

Elka, länger kann ich mich nicht halten,
Meine Sinne toben allzu wild;
Und in allen weiblichen Gestalten
Seh ich schon dein Götterbild!

5   Auch im Traum bist du mir schon erschienen,
Dich entkleidend; oh wie ward mir da!
Schwindlig ward mir hinter den Gardinen,
Als ich deinen Busen sah.

Meine beiden Knie wurden brüchig,
10   Von der Stirne triefte mir das Fett.
Als das Hemd du abgetan, da schlich ich
Wonneschauernd an dein Bett.

Mach, dass dieser Traum sich bald erfülle;
Mach, erhabne Königin,
15   Dass bei dir ich vor Behagen brülle,
Nicht vor Wut, weil ich dir ferne bin.
(*Werke II*, S. 439)

**6) Melchiors Egoismus-Theorie findet sich in einem Brief des jungen Wedekind, den er 1881 in einem Brief an Adolph Vögtlin geschrieben hat.**

(...) *Der Mensch kommt mit mancherlei Gaben auf die Welt. Schon bei kleinen Kindern bemerkt man, dass das Eine gerne, das Andere ungern gibt, dass das Eine barmherzig, das andere gefühllos ist. Niemand macht den Kin-*

5 *dern daraus einen Vorwurf oder ein Verdienst. Man sucht ihnen höchstens dies abzugewöhnen, jenes beizubringen. In vielen Fällen bleibt aber auch die Erfüllung dieser Pflicht aus und die Anlagen entwickeln sich ungestört. Bis jetzt sind die Kinder noch unverantwortlich. Bald treten sie aber*

10 *als Glieder der Menschengesellschaft ins Leben hinaus und da heißt es gleich: Der ist gut, Jener schlecht; Der freigebig, Jener geizig. Die Schlechten und Geizigen werden zu Egoisten qualifiziert und der Haß und Fluch der Welt lastet auf ihnen. Fragen wir nun, welche glücklicher sind, die Gehaß-*

15 *ten oder die Geliebten? Ich denke doch, die letzteren genießen ein schöneres Dasein. – Unwürdige Menschheit, wo bleibt Dein Verstand? Einen Blindgeborenen bemitleidest Du seines körperlichen Gebrechens wegen und den Geizhals verdammst Du wegen eines geistigen! Ist das Deine*

20 *Barmherzigkeit, Deine Nächstenliebe? – Jene Unglücklichen scheltet Ihr Egoisten! – Seid Ihr besser als sie, Ihr Heiligen unter den Menschen? – Lasst Euch den Schafspelz ausklopfen, und überall kommen die gleichen, egoistischen Wölfe heraus!! Nun wage mir noch einer, einen Stein zu*

25 *werfen auf seinen armen Bruder, der unvollkommener als er auf die Welt gekommen ist, ich will ihm heimzünden. Alter, vergib mir meine schulmeisterliche Begeisterung, aber sie spricht für meine Überzeugung. Wenn Du fragst, wie ich auf diese Egoismustheorie gekommen sei, so lautet*

30     *meine Antwort: Durch den Ausdruck „Opferfreudigkeit".*
*Ich weiß zwar, dass ich dadurch, dass ich den Auswurf der*
*Menschheit in Schutz nehme, Deine idealen Vorstellungen*
*von Mensch und Gott verletze, aber ich kann nicht anders.*
*(Gesammelte Briefe. Nr. 7)*

**7) Die Theaterzeitschrift *Theater heute* berichtet über**
**die Bremer Inszenierung Peter Zadeks (geb. 1926) aus**
**dem Jahre 1965.**

     *Peter Zadeks Inszenierung nimmt die Herausforderung der*
*leer geräumten, hell beleuchteten Bühne an. Wedekinds*
*Text, ein dreiviertel Jahrhundert alt, bewährt sich glorios.*
*Die Prüderien, Konventionalitäten, grotesken Verkalkungen*
5     *der Erwachsenen erscheinen, wie sie schon Wedekind*
*erschienen: beschränkt und in der Beschränkung lächer-*
*lich. Obwohl Zadek auch den Eltern, Lehrern, den „Erzie-*
*hern" realistische Grundierung gibt. Die Paukerkonferenz*
*steigert sich im Verlauf der Szene erst ins Groteske, der*
10    *Höhepunkt der komischen Wirkung ist erreicht, wenn am*
*Schluss (eine Hinzufügung Zadeks) die Lehrer Melchior*
*Gabors Verweisung von der Anstalt unterschreiben und*
*ihre Namen akzentuieren: Sonnenstich, Zungenschlag,*
*Affenschmalz. Jeder von ihnen hat seinen eigenen Sprach-*
15    *und Bewegungstick. Aus winzigen Chargen sind scharf-*
*geschnittene Menschenzerrbilder geworden. (...)*
*Die poetische Größe des Stückes, auch das lehrt diese Auf-*
*führung, kulminiert in der Schlussszene. Sie öffnet den*
*Blick aus dem pubertären Dunstkreis. Die Objektivation,*
20    *die Wedekind in jeder Szene mühelos erreicht, findet hier*
*ihre formale Krönung, indem das bloß Wahrscheinliche*
*überstiegen wird. Dieser Vorgang lässt sich auf Minksens*
*heller Bühne wunderbar darstellen. Kein Friedhofsschum-*

25 *mer, keine Grabsteine, keine faulen Bühnentricks, um Mo-*
*ritz Stiefel mit dem Kopf unter dem Arm erscheinen zu*
*lassen. Nur eine Luke im Bühnenboden, da erscheint*
*Moritzens Hand und stellt einen Kopf, einer Friseur-*
*schaufensterattrappe ähnlich, auf die Bretter. Dann er-*
30 *scheint der ganze Moritz, nimmt den Pappkopf unter den*
*Arm, spaziert über die Bühne, sitzt schließlich, bei den*
*Schlussworten, hart an der Rampe, auf dem Kopf. Die*
*schöne Freiheit der Szene tritt in Erscheinung. Der ver-*
*mummte Herr tritt im tadellosen Frack mit Umhang auf,*
*er trägt keine Larve, birgt nur anfangs das Gesicht ein*
35 *wenig hinter dem weißen Seidenschal. Zadek hat hier im*
*Text kräftig gestrichen, Munkeleien fallen weg. Der Herr*
*im Frack (Kurt Hübner) ist eindeutig: das weltoffene Le-*
*ben. Melchior Gabor geht mit ihm. Wenn er vorher mehr-*
*mals die Hand des toten Moritz ausschlug, so lässt Zadek*
40 *die beiden dabei noch einmal knäbische Finten vollführen.*
*Aus selbstvergessener Alberei ist jetzt bewußte Erinnerung*
*geworden: heiteres Darüberstehen.*
(Wendt, S. 109)

## 8) Julius Bab (1880–1955) beleuchtet die Rolle der Frau Gabor und ihr Verhältnis zu dem ganzen Stück.

*[...] Wedekinds ewiges Thema ist ja der Befreiungskampf*
*der Instinkte, der Ansturm der sinnlichen Gewalten gegen*
*alle Fesseln der Zivilisation und Moral. Der Mensch, der*
*sich finanziell und vor allen sexuell „durchsetzt", oder dem*
5 *dies zufolge ideologischer Hemmungen misslingt, das ist*
*sein Thema. [...]*
*Freilich, schon dieses schöne und starke Frühwerk zeigt*
*jenen grimmig polemischen Zug, der dann das Wede-*
*kind'sche Werk mit fanatischen Pedanterien bedrohte: So*

10 dichterisch rein, so zart und lebendig die leidende und
kämpfende Jugend dargestellt ist, so wenig sind ihre
Bedränger und Bedrücker als irgendwie sinnvolle, in aller
ihrer Beschränktheit durch die Notwendigkeit des Daseins
gerechtfertigte Wesen gezeichnet – all diese Eltern und Er-
15 zieher erscheinen nur in grandiosen Karikaturen als vollkommen blöde oder gemeine Subjekte. So zerfallen die Szenen, die das Stück mit dem ganzen wilden, lyrisch
gewaltsamen Wechseltakt des „Sturm und Drang" vorüber-
treibt, in zwei stilistisch sehr verschiedene Gruppen, eine
20 lyrisch pathetische, die uns stärkste Lebensillusion erwe-
cken soll und erweckt, und eine groteske, höhnisch bloßge-
stellte, die der Dichter vielleicht auch noch für Nachbil-
dungen von Lebewesen hielt, die für uns aber lediglich den
Wert genialer Karikaturistik haben können. Zwischen die-
25 se, von hingebender Liebe gestalteten, und vom wilden
Hass verzerrten Geschöpfe ist vermittelnd nur eine einzige
Gestalt gesetzt, das ist Frau Gabor. Sie – und allenfalls
noch ihr Mann, der ohne all zu karikaturistische Übertrei-
bungen eine normal konventionelle, intelligent tüchtige
30 Bureaukratennatur zeigt, sind unter den Gegenspielern der
Jugend in diesem Stück die einzigen Menschen. Frau Gabor
aber ist die einzige Figur der älteren Generation, die auch
mit Liebe, mit einem wirklich dichterischen Anteil behandelt ist, und deshalb ist diese kleine Rolle für das Gan-
35 ze des Stücks, für sein Gleichgewicht, seine Harmonie von
größter Wichtigkeit.
(Bab, S. 206–208)

## 9) Jörg Jesch (geb. 1933) untersucht die sprachliche Gestaltung von Wedekinds Dramen.

*(...) Wedekinds Prosa wollte nicht „wirklichkeitsnah" sein. Er lässt sich nicht auf die realistische Syntax der Vulgärsprache ein, sondern erstrebt eine neue, gesteigerte, stilisierte Wirklichkeit, die für ihn zur „Selbstverständlichkeit"*

5 *wird. Seine Figuren reden Schriftdeutsch, und zwar „ein sehr spezifisches Wedekind-Schriftdeutsch".\* Oft trägt seine Prosa aber auch alle Anzeichen trivialer Klischeesprache oder epigonalen Schwulstes. Ausgesprochene Fehler tauchen allerdings gehäuft erst später mit anderen*

10 *Unsicherheiten auf, als Prosa und Vers gemischt werden, oder als das Metrum wie eine Zwangsjacke über die Prosa gestülpt wird.*

*Das für seine Zeitgenossen so erregend Neuartige und Außerordentliche des Wedekind'schen Stils liegt nicht in den*

15 *„statischen" Elementen der Sprache, wie Bildgehalt und Metaphorik, es ist vielmehr die neue Dynamik, die rhythmische Kraft und Bewegung, mit der die oft schablonenhafte Sprache gegliedert, gerafft und geballt wird. (...)*
(Jesch, S. 111)

---

\* G. Zivier, *Unser schwieriges Verhältnis zu Frank Wedekind*, in: Frankfurter Allgemeine Zeitung v. 7. 5. 1958.

**10) In seiner Besprechung der Wiesbadener Aufführung 1998 (Regie von Daniel Karasek) bezweifelt Martin Krumbholz, dass das Stück heute noch aktuell ist.**

### Außerhalb des Sperrbezirks
*Wedekind „Frühlings Erwachen"*

«Hast du schon einmal zwei Hunde über die Straße laufen sehen?», fragt der ahnungsvolle Melchior den ahnungslosen Moritz, und der antwortet bündig: «Nein.» Damit ist dieser Aufklärungsversuch schon mal gescheitert. Weitere folgen,
5    einer kläglicher als der andere, und am Ende steht folgerichtig die pure Katastrophe in Gestalt zweier toter Kinder – der Schock musste sein um eines dramatischen Lernerfolgs willen, der die herrschende Sexualpädagogik vor der Jahrhundertwende zunächst beschämt und dann viel-
10    leicht ein wenig emanzipiert hat.
Nicht an einem Mangel, sondern eher an einem Übermaß an Aufklärung und Information laboriert heutzutage die westliche Zivilisation; rührend und vergeblich muten die Bemühungen im Programmheft an, den Aktualitätsnach-
15    weis für die Kindertragödie von 1890 zu erbringen. Nein, die Geschichte hat inzwischen gearbeitet, nichts ist weniger aktuell als «Frühlings Erwachen», und weniges ist schöner, bezaubernder in seiner poetischen Ausstrahlung als dieses dramatische Debüt des Frank Wedekind. Das sind die
20    nicht geringen Widersprüche, mit denen die nach wie vor zahlreichen Aufführungen des Stücks heute zurechtkommen müssen.
(*Theater heute*, 7/98, S. 63)

**11) Eine Leser-Rezension des Dramas in der *Online-*Buchhandlung *Amazon* bricht eine Lanze für die ungebrochene Aktualität des Dramas.**

> *(...) Wedekind prangert in seiner Tragödie den konventio-*
> *nellen Moralbegriff seiner Zeit an, die Verleugnung eigener*
> *Gefühle und die Borniertheit von Sitte und Moral. Das*
> *Werk entstand 1891 und zeigt somit schon sehr früh die*
5 > *Veränderungswürdigkeit im Denken der Menschen. Das*
> *Stück ist leider noch heute sehr aktuell und daher gerade*
> *für Schulaufführungen sehr zu empfehlen.*
> (http://www.amazon.de, Stand: 2001)

**12) In der Premierenankündigung für das Akademie-theater Wien im April 2001 (Regie von Christina Paul-hofer) liest man den Wunsch heraus, die wahre Intention Wedekinds, nämlich den humorvollen Ruf ins Leben, zu inszenieren.**

> *Frühlings Erwachen*
> von Frank Wedekind
> Eine Kindertragödie

> *„Das Leben ist von einer ungeahnten Grausamkeit..."*
> *Wedekinds erstes Stück: um Gymnasiasten in Pubertäts-*
> *nöten und eine Gesellschaft, die auf die Probleme der Ju-*
> *gendlichen keine adäquate Antwort findet. Es geht um*
5 > *Egoismus und Liebe, Atheismus, die Differenz der Ge-*
> *schlechter, Ursprung und Zweck der Moral. Verdrängte*
> *und verpönte Tatsachen wie Sadismus und Masochismus,*
> *Onanie, Homosexualität und Abtreibung bei einer Minder-*
> *jährigen werden hier erstmals offen Gegenstand der Litera-*
10 > *tur bzw. der Bühne. Zwischen der tabubrechenden*

Skandalträchtigkeit des Stückes sowie seiner gelegentlich
durchaus moralinen Inanspruchnahme für sexuelle Aufklärung gegen eine verbiederte Gesellschaft und Wedekinds
eigenen Absichten klafft ? bis heute ? eine nur selten ge-
15 schlossene Lücke: Noch zwanzig Jahre nach dem Schreiben des Stückes fragte sich Wedekind, „ob ich es noch
erleben werde, dass man das Buch endlich für das nimmt,
als was ich es geschrieben habe: für ein sonniges Abbild des
Lebens, in dem ich jeder einzelnen Szene an unbekümmer-
20 tem Humor alles abzugewinnen suchte, was irgendwie daraus zu schöpfen war." Der Autor wendet sich hier gegen
ein Missverständnis in der Rezeption: Zwar war Wedekinds Thema das Thema aller bürgerlichen Trauerspiele
seit der Gretchen-Tragödie im „Faust", seine Art der Dar-
25 stellung aber war ungleich zeitgemäßer und moderner, voll
von groteskem Humor. Zwar stirbt Wendla an den Folgen
einer Abtreibung, zwar erschießt sich der von Pubertäts-
nöten geplagte Moritz Stiefel, aber sein Versuch, den vor
Lebenslust strotzenden Melchior Gabor mit ins Grab zu
30 ziehen, scheitert. Er folgt statt ins Grab dem „vermummten
Herrn": dem Leben.
(http://www.burgtheater.at/premieren/premieren.htm,
Stand: 2001)

# Literatur

## 1) Ausgaben

**Wedekind, Frank:** *Frühlings Erwachen. Eine Kindertragödie.* Stuttgart 2000 (= Reclams Universal-Bibliothek Nr. 7951) *(Nach dieser Ausgabe wird zitiert.)*

**Wedekind, Frank:** *Werke in drei Bänden.* Hrsg. von Manfred Hahn. Berlin/Weimar 1969 (zitiert als **Werke**)

**Wedekind, Frank:** *Gesammelte Werke.* Hrsg. von Artur Kutscher und Richard Friedenthal. 9 Bde. München 1912-1921 (zitiert als **GW**)

**Wedekind, Frank:** *Gesammelte Briefe.* Hrsg. von Fritz Stich. 2 Bde. München 1924

**Zweig, Stefan:** *Die Welt von gestern. Erinnerungen eines Europäers.* Fischer: Frankfurt, 1970

**Wedekind, Tilly:** *Lulu. Die Rolle meines Lebens.* München 1969

## 2) Sekundärliteratur

**Arnold, Heinz Ludwig (Hrsg.):** *Frank Wedekind.* München 1998 (edition text + kritik, Heft 131 und 132)

**Bekes, Peter:** *Stundenblätter „Frühlings Erwachen". Ein Unterrichtsmodell für die 10. Klasse.* 5. Auflage. Stuttgart, Düsseldorf, Leipzig 1999

**Bertschinger, Thomas:** *Das Bild der Schule in der deutschen Literatur zwischen 1890 und 1914.* Zürich 1969

**Diebold, Bernd:** *Anarchie im modernen Drama. Kritik und Darstellung der modernen Dramatik.* 3. erweiterte Aufl. Frankfurt a. M. 1925

**Elsner, Richard:** *Frank Wedenkinds Frühlingserwachen.* Berlin 1908

**Fechter, Paul:** *Frank Wedekind. Der Mensch und das Werk.* Jena 1920

**Feuchtwanger, Lion:** *Frank Wedekind.* In: Neue Deutsche Literatur 12 (1964), H. 7

**Goldmann, Paul:** *Frühlings Erwachen. Von Frank Wedekind.* In: ders. *Vom Rückgang der deutschen Bühne. Polemische Aufsätze über Berliner Theater-Aufführungen.* Frankfurt a. M. 1908

**Guthke, Karl:** *Geschichte und Poetik der deutschen Tragikomödie.* Göttingen 1961

**Herbst, Kurt:** *Gedanken über Frank Wedekinds „Frühlings Erwachen", „Erdgeist" und „Die Büchse der Pandora". Eine literarische Plauderei von Kurt Herbst.* Leipzig 1919

**Jacobsohn, Siegfried:** *Max Reinhard.* Berlin 1910

**Jesch, Jörg:** *Stilhaltungen im Drama Frank Wedekinds.* Diss. Marburg 1959

**Kapp, Julius:** *Frank Wedekind. Seine Eigenart und seine Werke.* Berlin 1909

**Kerr, Alfred:** *Frühlings Erwachen.* In: ders. *Die Welt im Drama.* Hrsg. von Gerhard F. Hering. Köln/Berlin 1964

**Krumbholz, Martin:** *Außerhalb des Sperrbezirks. Wedekind „Frühlings Erwachen".* In: *Theater heute* 7/98

**Kutscher, Artur:** *Frank Wedekind. Sein Leben und seine Werke.* 3 Bde. München 1922-31

**Michelsen, Peter:** *Der verkappte Bürger.* In: ders. *Zeit und Bindung. Studien zur deutschen Literatur der Moderne.* Göttingen 1976.

**Rothe, Friedrich:** *Frank Wedekinds Dramen. Jugendstil und Lebensphilosophie.* Stuttgart 1968

**Rothe, Friedrich:** *Frühlings Erwachen. Zum Verhältnis von sexueller und sozialer Emanzipation bei Frank Wedekind.* In: *studi germanici.* n. s. 7 1969 (H.1)

**Seehaus, Günter:** *Wedekind.* 7. Auflage Hamburg 1974

**Spittler, Horst:** *Frank Wedekind. „Frühlings Erwachen".* München 1999 (Oldenbourg Interpretationen, Bd. 94)

**Wagener, Hans:** *Erläuterungen und Dokumente: Frank Wedekind. „Frühlings Erwachen".* Stuttgart 1980 (Erläuterungen und Dokumente, Bd. 8151)

**Wehler, Hans-Ulrich:** *Die Matrix der autoritären Gesellschaft: Sozialisationsprozesse und ihre Kontrolle.* In: *Das Deutsche Kaiserreich 1871–1918.* Göttingen 1975

**Wendt, Ernst und Henning Rischbieter:** *Der ästhetische Realismus. Peter Zadek und Wilfried Minks inszenieren „Frühlings Erwachen" von Wedekind.* In: *Deutsches Theater heute. Stücke, Regisseure, Schauspieler, Theaterbau 1960 67.* Eine Auswahl aus der Zeitschrift „Theater heute". Velber 1967 (Sammlung Theater heute. Nr. 1)

# Wie interpretiere ich...?

## ■ Der Bestseller!

Alles zum Thema Interpretation,
abgestimmt auf die individuellen Anforderungen

### ✿ Basiswissen
(Einführung und Theorie)
- grundlegende Sachinformationen zur Interpretation und Analyse
- Grundlagen zur Erstellung von Interpretationen
- Fragenkatalog mit ausgewählten Beispielen
- Analyseraster

### ✿ Anleitungen
(konkrete Anleitung - Schritt für Schritt,
mit Beispielen und Übungsmöglichkeiten)
- Bausteine einer Gedichtinterpretation
- Musterbeispiele
- Selbsterarbeitung anhand praxisorientierter Beispiele

### ✿ Übungen mit Lösungen
(prüfungsnahe Aufgaben zum Üben und Vertiefen)
- konkrete, für Klausur und Abitur typische Fragen und Aufgabenstellungen zu unterrichts- und lehrplanbezogenen Texten mit Lsg.
- epochenbezogenes Kompendium

---

Bernd Matzkowski
**Wie interpretiere ich Lyrik?**
Basiswissen Sek. I/II (AHS)
112 Seiten, mit Texten
Best-Nr. 1448-8

Thomas Brand
**Wie interpretiere ich Lyrik?**
Anleitung Sek. I/II (AHS)
205 Seiten, mit Texten
Best-Nr. 1512-6

Thomas Möbius
**Wie interpretiere ich Lyrik?**
Übungen mit Lösungen, Band 1
Mittelalter bis Romantik
Sek. I/II (AHS)
158 Seiten, mit Texten
Best-Nr. 1513-3

Thomas Möbius
**Wie interpretiere ich Lyrik?**
Übungen mit Lösungen, Band 2
Realismus bis Postmoderne
Sek. I/II (AHS)
149 Seiten, mit Texten
Best-Nr. 1461-7

Bernd Matzkowski
**Wie interpretiere ich
Novellen und Romane?**
Basiswissen Sek. I/II (AHS)
74 Seiten
Best-Nr. 1495-2

Thomas Brand
**Wie interpretiere ich
Novellen und Romane?**
Anleitung Sek. I/II (AHS)
160 Seiten, mit Texten
Best-Nr. 1471-6

Thomas Möbius
**Wie interpretiere ich
Novellen und Romane?**
Übungen mit Lösungen Sek. I/II (AHS)
200 Seiten, mit Texten
Best-Nr. 1472-3

Bernd Matzkowski
**Wie interpretiere ich Fabeln, Parabeln
und Kurzgeschichten?**
Basiswissen Sek. I/II (AHS)
96 Seiten, mit Texten
Best-Nr. 1519-5

Thomas Möbius
**Wie interpretiere ich Fabeln, Parabeln
und Kurzgeschichten?**
Anleitung Sek. I/II (AHS)
128 Seiten, mit Texten
Best-Nr. 1517-1

Thomas Möbius
**Wie interpretiere ich Fabeln, Parabeln
und Kurzgeschichten?**
Übungen mit Lösungen Sek. I/II (AHS)
200 Seiten, mit Texten
Best-Nr. 1518-8

Bernd Matzkowski
**Wie interpretiere ich?**
Sek. I/II (AHS)
114 Seiten
Best-Nr. 1487-7

Thomas Möbius
**Beliebte Gedichte interpretiert**
Sek I/II (AHS)
104 Seiten, mit Texten
Best-Nr. 1480-8

Eduard Huber
**Wie interpretiere ich Gedichte?**
Sek I/II (AHS)
112 Seiten
Best-Nr. 1474-7
Ein kompakter Helfer zum Thema
Gedichtinterpretation.
Das Buch hebt sich durch seine kompakte
Darstellung und Methodik von anderen
Interpretationshilfen ab.

# Aufsatz

■ Qualität, die überzeugt!

- ✎ schülergerecht dargestellt und aufbereitet
- ✎ klarer, übersichtlicher Aufbau
- ✎ Randleisten mit Info-Buttons
- ✎ mit Übungen und Lösungen
- ✎ erarbeitet in Anlehnung an die gültigen Lehrpläne
- ✎ Lernerfolg ist garantiert!

Die Bände enthalten sowohl die wichtigsten Informationen zu den einzelnen Aufsatzthemen als auch zahlreiche Übungsmöglichkeiten. Die Übungen bauen aufeinander auf und sind auf der Grundlage aktueller, schülernaher und unterrichtsrelevanter Texte verfasst. Inhaltliche wie sprachlichgrammatische Aspekte werden in gleicher Weise berücksichtigt.
Ein Lösungsteil ermöglicht die eigenständige Kontrolle und Verbesserung der Arbeitsergebnisse.

---

Eckehart Weiß
**Wie schreibe ich einen Aufsatz?**
**5.–6. Schuljahr**
Sek I / RS / Gym (HS/AHS)
216 Seiten
Best.-Nr. 1511-9
Folgende Themen werden behandelt:
Die Erzählung / Der Bericht / Der Brief / Die Beschreibung / Schilderung / Textzusammenfassung

Christiane Althoff
**Wie schreibe ich einen Aufsatz?**
**7.–8. Schuljahr**
Sek I / RS / Gym (HS/AHS)
180 Seiten
Best.-Nr. 1505-8
Folgende Themen werden behandelt:
Inhaltsangabe (auch erweitert) / Bildbeschreibung / Schilderung / Protokoll / begründete Stellungnahme und Kurzvortrag

Brand, Möbius
**Wie schreibe ich einen Aufsatz?**
**9.–10. Schuljahr**
Sek I / RS / Gym (HS/AHS), 200 Seiten
Best.-Nr. 1483-9
Folgende Themen werden behandelt:
Informierende, berichtende, kommentierende Texte / Reportage / dialektische Erörterung / Geschäftsbrief / Charakteristik / Argumentationslehre / lineare Erörterung / Referat

Thomas Möbius
**Wie schreibe ich einen Aufsatz?**
**11.–13. Schuljahr** – Band 1
Sek II / Gym (AHS)
188 Seiten
Best.-Nr. 1484-6
Folgende Themen werden behandelt:
Die Inhaltsangabe / Die Erörterung / Die Textanalyse / Facharbeit

Thomas Möbius
**Wie schreibe ich einen Aufsatz?**
**11.–13. Schuljahr** – Band 2
Sek II / Gym (AHS)
160 Seiten
Best.-Nr. 1485-3
Folgende Themen werden behandelt:
Die Textinterpretation / Epik / Lyrik / Drama / Textvergleich

Eckehart Weiß
**Berichten – Erzählen – Beschreiben**
5.–7. Schuljahr
Sek I / RS / Gym (HS/AHS), 152 Seiten
Best.-Nr. 1475-4
Das Buch behandelt alle Aufsatzformen der 5.–7. Klasse:
Wie schreibe ich einen Bericht, eine Reizwortgeschichte, eine Schilderung, …? Übersichtlich und verständlich aufgebaut, wird dem Schüler ermöglicht, anhand von Anleitungen, Beispielen, Übungen und Lösungen gezielt die jeweilige Aufsatzform zu erschließen, um sie dann in der Praxis erfolgreich umzusetzen. Lernerfolg ist garantiert. Die ideale Hilfe für Schüler und Eltern.